Königs Erläuterungen und Materialien
Band 378

Erläuterungen zu

Antoine de Saint-Exupéry

Der kleine Prinz

von Walburga Freund-Spork

Bange Verlag

Über die Autorin dieser Erläuterung:

Walburga Freund-Spork, Studium der Germanistik und Geschichte an der Universität Münster. Realschullehrerin, Fachleiterin für das Fach Deutsch Sekundarstufe I, Mitautorin des Lehrplans Deutsch für die Sekundarstufe I (NRW), Referentin für Fort- und Weiterbildung bei der Bezirksregierung Detmold, stellv. Seminarleiterin am Studienseminar Sek. I in Paderborn. In den Zeitschriften Diskussion Deutsch, Praxis Deutsch, Blätter für den Deutschlehrer und Literatur für Leser hat sie literaturdidaktische Beiträge vorgelegt. Literaturwissenschaftliche Untersuchungen zu Heinrich Heine, zu Novellen und Romanen der Gegenwart sowie zur modernen Essayistik sind von ihr in den Universitäts-Taschenbüchern und in den Grabbe-Jahrbüchern erschienen.
Frau Freund-Spork ist Autorin von Interpretationen und Lernhilfen namhafter Verlage.

3. Auflage 2005
ISBN 3-8044-1782-5

Titelabbildung: Antoine de Saint-Exupéry
Druck und Weiterverarbeitung: Tiskárna Akcent, Vimperk

Vorwort

Antoine de Saint-Exupérys Märchen *Der kleine Prinz* ist von Millionen von Menschen in allen Teilen der Erde gelesen und von vielen sehr geschätzt worden. Geschenkausgaben und künstlerisch gestaltete Kommentare und Deutungsbände sind zu seiner Verbreitung und seinem Verständnis herausgegeben worden, und es stellt sich die Frage, was den *Kleinen Prinzen* zu einem so verbreiteten und hoch geschätzten Text macht.
Geschrieben wurde er als Kinderbuch, als Märchen für Kinder, aber er ist auch eine Parabel für Erwachsene.
Im *Kleinen Prinzen* begegnet eine liebenswürdige, kindliche Gestalt, die sich auf die Erde begeben, ja vielleicht sogar verirrt hat, um dort verschiedene Lektionen über ihre Bewohner und deren Verhalten zu lernen. Doch bevor er auf der Erde ankommt, führt ihn sein Weg über andere Planeten und er begegnet ihren Bewohnern. Sie zeigen, obgleich auf anderen Sternen, typisch menschliche Verhaltensweisen:

- Machtanspruch und Herrschsucht über andere,
- Eitelkeit und Hochmut,
- Suchtverhalten anstelle von Genuss,
- Besitzstreben und Besitzgier,
- Unselbstständigkeit im Denken und geistige Unfreiheit,
- Vernachlässigung alles Kreativen zu Gunsten von Fakten.

Der kleine Prinz entlarvt durch neugieriges Nachfragen diese Verhaltensweisen als inhuman und menschenunwürdig.
Aber auch auf der Erde gewinnt der kleine Prinz weitere Einsichten über die Menschen:

- Einsam ist man unter ihnen, weil sich jeder nur um sich selbst kümmert;

- rastlos und ziellos sind sie in der Verfolgung ihrer immer gleichen Ziele;
- ihre Rastlosigkeit verhindert, dass sie feste Wurzeln schlagen.

Das Gegenbild zur bestehenden Erwachsenenwelt entwirft der Fuchs, der den kleinen Prinzen in das Wesen der Freundschaft und der Liebe einweiht.
Das Gebot der Mitmenschlichkeit fordert, Selbstgefälligkeit und Selbstliebe hintan zu stellen und statt ihrer Verantwortung für den Mitmenschen zu übernehmen.
Im Spiegel eines Du wird das Ich reif für Freundschaft und Liebe.
Es bedarf nicht vieler weiterer Worte, um zu erkennen, dass das kleine Werk Antoine de Saint-Exupérys eine wertvolle Lektüre darstellt. Sie zeigt in eindringlicher Weise auf Schritt und Tritt sowohl in der Welt des Kindes als auch in den Gegenentwürfen der Erwachsenenwelt wünschenswerte menschliche Haltungen.
Wenn unsere Welt sich zukünftig humaner darstellen soll, so muss jeder von uns daran mitwirken. Vielleicht ist es gar nicht so schwer, wie uns die Gestalt des Flieger-Erzählers zeigt.

1. Antoine de Saint-Exupéry: Leben und Werk

1.1 Biografie

Jahr	Ort	Ereignis	Alter
29. Juni 1900	Lyon	Antoine de Saint-Exupéry wird als drittes Kind des Grafen Jean-Marie de Saint-Exupéry und Marie de Fonscolombe geboren. Der Vater, Versicherungsinspektor, stammt aus dem Limousin, die Mutter kommt aus der Provence.	
1904	Saint-Maurice / La Môle	Nach dem Tod des Vaters verlässt die Mutter mit ihren 5 Kindern das Haus in Lyon. Sie lebt abwechselnd im Schloss ihrer verwitweten Groß- und Patentante in Saint-Maurice-de-Remens (Ain) und im Schloss der Großmutter mütterlicherseits in La Môle (Var), 30 km von der Bucht von Saint-Tropez entfernt. Auf einer Eisenbahnfahrt vom Lokalbahnhof La Foux nach Saint-Tropez entdeckt der Vierjährige seine Begeisterung für die schnelle Fortbewegung. Die	4

Jahr	Ort	Ereignis	Alter
		Kinder werden von ihrer über alles geliebten Mutter, einer Malerin, in katholischer und monarchischer Tradition erzogen. Wenn Antoine de Saint-Exupéry an seine als glücklich erlebte Kindheit zurückdenkt, hat er das Schloss Saint-Maurice-de-Remens mit dem dazugehörigen Dorf vor Augen. Die Leidenschaft für die Technik ist früh erwacht. Er träumt vom Fliegen und führt seinen Geschwistern begeistert seine Erfindung eines Fahrrad-Aeroplans vor.	
Oktober 1909	Le Mans	Die Familie lässt sich in Le Mans nieder. Dort wohnt schon der pensionierte Großvater, Fernand de Saint-Exupéry. Auch einige Tanten leben in der Stadt. Die Strenge seines autoritären Großvaters führt zu Spannungen und Missstimmigkeiten. Antoine besucht als Externer das Jesuiten-Kolleg von Notre-Dame de Sainte Croix, das auch schon sein Vater besucht hatte. Er leidet unter der Tatsache, dass er kein Internats-	9

Jahr	Ort	Ereignis	Alter
		schüler ist, weil diese größeres Ansehen genießen. Seine Schulleistungen sind in der Regel nur mäßig. Ein Mitschüler (Gaultier) beschreibt ihn später als schlampig. Seine Mitschüler nennen ihn wegen seiner Himmelfahrtsnase „Mondgucker". Seine Entwicklung verläuft insgesamt unvorteilhaft und unregelmäßig.	
1910	Le Mans	Seine Mutter kehrt nach Saint-Maurice-de-Remens zurück und überlässt ihn der Obhut einer Gouvernante und den Tanten Anais und Marguerite.	10
1912	Le Mans	Antoine de Saint-Exupéry übersetzt für sich Julius Caesar aus dem Lateinischen, um herauszufinden, wie die römischen Kriegsmaschinen funktionierten. Mit dem Piloten Védrines kann er im Aerodrom von Ambérieu seinen ersten Flug unternehmen. Begeistert schreibt er darüber ein Gedicht, von dem drei Zeilen überliefert sind.[1] Er nimmt Violinunterricht.	12

1 „Die Flügel erbebten unter dem Atem des Abends
Die schlummernde Seele wiegte des Motors Gesang
Erblassend strich die Sonne an uns entlang."
Zitiert nach Curtis Cate, S. 49

Jahr	Ort	Ereignis	Alter
1914		Madame de Saint-Exupéry tritt bei Ausbruch des Ersten Weltkrieges als Pflegeschwester in das Krankenhaus von Ambérieu ein.	
Oktober 1914	Villefranche-sur-Saône	Schulwechsel ins Internat Montgré.	14
1915	Fribourg/ Schweiz	Erneuter Wechsel mit dem Bruder François in das Internat der Maristen.	15
1917	Paris	Im Frühjahr Abitur. Rückkehr nach Frankreich. Im Juli Tod des Bruders durch Herz-Rheuma. Im Oktober zur Vorbereitung auf die École Navale (Seefahrtsschule). Eintritt in das Internat der École le Bossuet, von dort besuchte er das Gymnasium Saint-Louis. Antoine erweist sich als undisziplinierter Schüler.	17
1919	Paris	Er wird zwar zur Aufnahmeprüfung zugelassen, fällt aber auf Grund schlechter mündlicher Leistungen durch. Nach drei vergeblichen Jahren auf der Seemannsschule schreibt er sich in der École des Beaux-Arts (Kunst), Fachbereich Architektur, ein. Um seinen Lebensunterhalt bestreiten zu helfen, arbeitet er als	19

Jahr	Ort	Ereignis	Alter
		Statist im Châtelet-Theater. Die fünf dort zugebrachten Monate sind ohne Ergebnis.	
1921	Neudorf bei Straßburg; Rabat	Einberufung zum Militärdienst im 2. Fliegergeschwader. Dienst in den Reparaturwerkstätten. Durch eisernes Sparen gelingt es ihm, Flugunterricht bei einem zivilen Fluglehrer zu bezahlen. Zu früh steigt er allein mit dem Flugzeug auf, es kommt zu einem ersten Absturz, dessen Folgen jedoch bedeutungslos bleiben. Im Juni erhält er den zivilen Flugzeugführerschein. Er wird als Offiziersschüler dem 37. Fliegergeschwader in Rabat zugeteilt. Rabat ist zu der Zeit Hauptstadt des französischen Protektorats Marokko. Seit 1912 hatte es einen kulturellen und zivilisatorischen Aufschwung genommen. Saint-Exupéry ist von der Stadt begeistert.[2]	21

2 Über den Besuch seines Hauptmanns, der ein altes Haus in der Altstadt bewohnte, schreibt er: „Man wähnt sich fast am Pol und glaubt im Schnee zu wandeln, so seidig ist das Mondlicht in diesem Teil der Araberstadt. Das Haus des Hauptmanns ... steht mit dem Rücken gegen die Moschee der Oudaias. Das Minarett überragt seinen unbedachten Innenhof, und wenn man abends zu den Sternen aufblickt, hört man den Muezzin rufen und sieht ihn wie aus der Tiefe eines Brunnens." (Zit. nach Curtis Cate, *Antoine de Saint-Exupéry. Sein Leben und seine Zeit.* Zug (Schweiz) 1973. S. 57.

Jahr	Ort	Ereignis	Alter
1922	Istres Le Bourgets	Im Januar wird Saint-Exupéry der Jagdfliegergruppe des 33. Fliegergeschwaders als Flieger-schüler zugeteilt. Er wird zum Unteroffizier befördert und erhält den Flugzeugführerschein für Militärflugzeuge. Nach einem zweiten Absturz, bei dem er sich einen Schädelbruch zuzieht, beendet er als Leutnant der Reserve seinen aktiven Militärdienst.	22
1923	Paris, Rue du Faubourg Saint-Honoré	Auf Verlangen der Familie seiner Verlobten Louise de Vilmorin tritt er eine Bürostelle als Produktionsaufseher in der Fliesenherstellung bei den Ziegeleien von Boiron an. Die Arbeit füllt ihn nicht aus. Im Herbst kommt es zum Bruch des Verlöbnisses durch Louise.	23
1924		Er entschließt sich zu einem Stellenwechsel. Nach einer kurzen Werkstatt-Ausbildung[3] wird er Lastwagenverkäufer für die Automobilwerke Saurer in den Departements Allier, Cher und Creuse. Innerhalb von 15 Mo-	24

3 An einen Freund (Sallès) schrieb er: „Ich bin bereits im Stande, deinen Citroën vollkommen zu zerstören." (Zit. nach Curtis Cate, ebd., S. 72.)

Jahr	Ort	Ereignis	Alter
		naten gelingt ihm der Verkauf eines einzigen Lastwagens. In seiner Freizeit widmet er sich so oft wie möglich der Fliegerei, um seinen Depressionen zu entkommen.	
1926	Paris	Eintritt in die französische Luftfahrtgesellschaft (Compagnie Aérienne française). Er wird als Fluglehrer damit beauftragt, die ersten Alleinflüge der Flugschüler abzunehmen. Allerdings galt Fliegen zu dieser Zeit noch als halsbrecherischer Sport, so dass dies wohl kein regelmäßiger Beruf für Saint-Exupéry war. Im Juni stirbt seine Schwester Marie-Madeleine. Mit besonderer Unterstützung von Jean Prévost, dem Herausgeber der literarischen Zeitschrift *Le Navire D'Argent* (Das Silberschiff), erscheint die erste Fassung von *Südkurier* unter dem Titel *Der Flieger.* Im Oktober gelingt ihm auf Empfehlung von Abbé Sudour, dem früheren Direktor seiner Schule (École Bossuet), die Anstellung bei der Flugzeug-	26

Jahr	Ort	Ereignis	Alter
		gesellschaft Latécoère. Der Betriebsdirektor Didier Daurat, der 1919 die erste Postfluglinie Toulouse-Rabat eingerichtet hatte, setzt ihn für die Abnahme von Flugzeuginstrumenten ein.	
1927		Zusammen mit den Flugzeugpionieren Vacher, Mermoz, Estienne, Guillaumet und Lescrivain übernimmt er als Pilot die regelmäßig verkehrenden Postflüge auf der Strecke Toulouse-Casablanca und Dakar-Casablanca. Im Oktober wird er zum Postenchef des Flugplatzes Cap Juby im marokkanischen Aufstandsgebiet berufen. Seine Aufgabe erfüllt er bravourös. Der *Südkurier* entsteht.	27
1928	Toulouse, Brest	Didier Daurat richtet die Nachtflüge für Südamerika ein. Saint-Exupéry nimmt in Frankreich an einem Lehrgang für Navigation teil und erhält ein Diplom. Der Roman *Südkurier* erscheint am Jahresende.	28

Jahr	Ort	Ereignis	Alter
1929	Buenos Aires	Saint-Exupéry wird zum Verkehrsdirektor der Fluggesellschaft Aéropostale Argentina ernannt, wo er seine alten Flugkameraden Jean Mermoz, Marcelle Reine und Henri Guillaumet wiedertrifft. Er richtet die Linie Buenos Aires-Punta ein, die im November eröffnet wird. Das Überfliegen der Anden ist ein wagemutiges Unterfangen, zumal die klimatischen Bedingungen – Windhosen, Schneestürme und Nebel – den damaligen Flugbedingungen entgegenstanden. Bei seiner 22. Überquerung stürzt Henri Guillaume in einem Schneesturm ab. In unermüdlichem Kampf gegen die Elemente kann er sich nach mehrtägigem Fußmarsch bei bis zu 40 Grad Kälte in bewohntes Gebiet retten, wo ihn eine indianische Frau bewusstlos auf einem Maultierpfad findet. Die Erlebnisse bei der Suche nach Guillaume gehen in Saint-Exupérys Buch *Nachtflug* ein, das 1930 entsteht.	29

Jahr	Ort	Ereignis	Alter
1930	Paris	Für seine Taten innerhalb der zivilen Luftfahrt in Cap Juby wird er zum Ritter der Ehrenlegion ernannt. Im September begegnet er in Buenos Aires Consuelo Suncin de Sandoval, einer exaltierten Persönlichkeit, Bildhauerin und Kunstliebhaberin, Witwe des argentinischen Schriftstellers und Journalisten Enrique Gomez Carillo. Ihr Mann hatte ihr ein ansehnliches Vermögen hinterlassen: großen Landbesitz in Argentinien, der jedoch in der argentinischen Revolution enteignet wurde, eine Villa an der Côte d'Azur und eine Wohnung in Paris.	30
1931	Paris	Konkurs der Aéropostale bei Beginn der Weltwirtschaftskrise. Verringerung der Flüge auf die Strecke Toulouse-Buenos Aires-Santiago de Chile. Die Fluggesellschaft wird argentinisch. Entlassung von Didier Daurat. Solidaritätserklärung für Daurat. Rückkehr nach Paris und Heirat mit Consuelo auf dem	30

Jahr	Ort	Ereignis	Alter
		Landsitz seiner Schwester Gabrielle in Agay. Er tut Dienst auf der Strecke Casablanca-Port Étienne, Zubringer der Postverbindung Frankreich-Südamerika. Geldsorgen. Im Dezember erscheint sein zweites Buch *Nachtflug,* für das er den Fémina-Preis erhält.	
1932	Marseille	Pilot für Wasserflugzeuge auf der Linie Marseille-Algier. Ein dritter Absturz endet beinahe mit dem Ertrinken in der Bucht von St. Raphael.	32
1933	Paris	Versuchspilot in der Konstruktionsabteilung der Latécoère. Die Fluggesellschaft Air France wird ins Leben gerufen. Saint-Exupéry versucht sich an einem Filmdrehbuch.	33
1934		Er wird der Propaganda-Abteilung der Air France zugeteilt. Vortragsreisen in Frankreich und im Ausland.Verfilmung von *Südkurier.* Drehort Marokko, wo Aintoine de Saint-Exupéry alle Flugszenen für den Hauptdarsteller selbst ausführt. Im Juli Aufenthalt in Saigon.	34

Jahr	Ort	Ereignis	Alter
1935	Moskau/Paris	Im Mai verfasst Saint-Exupéry Reportagen über die Maifeierlichkeiten auf dem roten Platz für die Zeitung *Paris-Soir*. Am Jahresende Start zu einem Langstreckenflug Paris-Saigon mit dem Flugzeugtyp Simoun. Unfall und Notlandung in der Wüste. Mit seinem Mechaniker Prévot wird er nach einem fünftägigen Marsch 200 km von Kairo entfernt von einer Karawane gerettet.	35
1936	Paris	Erste Aufzeichnungen zu *Stadt in der Wüste*.	36
1937	Carabacel und Madrid	Reportagen über den Spanischen Bürgerkrieg für *Paris-Soir* und *L'Intransigant*. Vorschlag an das Luftfahrtministerium, einen Langstreckenflug von New York nach Feuerland zu versuchen.	37
1938	New York	Abflug mit Zwischenstopp in Guatemala. Beim erneuten Start schwerer Unfall. Saint-Exupéry zieht sich Schädelverletzungen und Knochenfrakturen zu, von denen er sich nie mehr ganz erholt. Während der Rekonvaleszenz stellt er den Text für *Wind,*	38

Jahr	Ort	Ereignis	Alter
		Sand und Sterne zusammen. Aufenthalte in Agay und in der Schweiz.	
1939	Paris; Orconte	Veröffentlichung von *Wind, Sand und Sterne.* Das Buch wird in den USA zum Bestseller. Auszeichnung mit der Rosette der Ehrenlegion. August: Rückkehr nach Paris angesichts des bevorstehenden Krieges. Einberufung des Hauptmanns Saint Exupéry. Er wird zum technischen Unterricht abkommandiert. Entgegen der ärztlichen Empfehlungen setzt er durch, seinem alten Fliegergeschwader 2/33 zugeteilt zu werden. Einquartierung in Orconte. Entwürfe für *Der kleine Prinz.*	39
1940	Orly/Algier/ Agay	Verlegung der Staffel 2/33 am 10. Mai anlässlich der deutschen Offensive. Juni: Verleihung des Kriegsverdienstkreuzes. Juli: Zusammenbruch der Kriegshandlungen und Verlegung der Gruppe nach Algier. August: Entlassung aus dem Militärdienst. Wohnung bei seiner Schwester in Agay. Arbeit an	40

Jahr	Ort	Ereignis	Alter
		Stadt in der Wüste. Im Dezember Abreise nach New York, wo er Einfluss sucht, um Frankreich Verbündete im Krieg gegen Hitler-Deutschland zu schaffen. Arbeit an *Flug nach Arras.*	
1942	New York	Erscheinen von *Flug nach Arras,* ebenfalls ein Bestseller. Das Buch wird in Frankreich veröffentlicht, aber schon 1943 auf Wunsch der Besatzungsmacht Deutschland verboten. Aufruf zur Vereinigung der Franzosen gegen die Deutschen über einen New Yorker Sender.	42
1943	Algerien Sardinien	Im April erscheint ***Der kleine Prinz***. Überwindung aller Hindernisse zur Rückkehr in die Gruppe 2/33 nach Oudja in Algerien. Er lernt die amerikanischen Maschinen vom Typ „Lightning" fliegen. Seine Staffel wird nach Alghero auf Sardinien verlegt. Ein Auftrag, Aufnahmen über dem Rhônetal zu machen, endet mit einer missglückten Landung. Unter Anwendung der Altersvorschriften wird Antoine	43

Jahr	Ort	Ereignis	Alter
		de Saint-Exupéry unter die Verfügung des Oberkommandos gestellt. Dort setzt er durch, wieder in die Gruppe 2/33 aufgenommen zu werden. Er soll jedoch nicht mehr als fünf Aufklärungsflüge durchführen dürfen.	
1944	Korsika	Die Gruppe wird nach Bastia-Borgho auf Korsika verlegt. Zu diesem Zeitpunkt hat Saint-Exupéry schon acht Aufklärungsflüge entgegen den bewilligten fünf unternommen. 31. Juli: erneuter Aufklärungsflug in der Gegend von Grenoble-Annecy. Von diesem Flug kehrt er nicht mehr zurück. Eine Vermutung besagt, dass sein Flugzeug von deutschen Jägern über offener See in der Nähe von Korsika abgeschossen wurde.	44

1.2 Zeitgeschichtlicher Hintergrund

Im nachstehenden Kapitel kann es nicht darum gehen, den gesamten zeitgeschichtlichen Hintergrund darzustellen. Dies würde den Rahmen der Erläuterung sprengen. Deshalb wird betont auf solche Hintergründe und Ereignisse Bezug genommen, die für das Leben und Handeln von Antoine de Saint-Exupéry, von seinen Freunden Tonio und von seinen beruflichen Mitstreitern Saint Ex genannt, Bedeutung erlangt haben. Das Kapitel wird daher auf folgende Themen eingehen:

- Die Entwicklung der Luftfahrt und ihr Einfluss auf das Leben von Saint-Exupéry
- Frankreich und der Erste Weltkrieg (Land der Westfront)
- Frankreich zwischen den Kriegen (Land wirtschaftlicher und politischer Unsicherheiten; Schattenseiten der Kolonialherrschaft)
- Frankreich und der Zweite Weltkrieg (Besatzungsmacht Deutschland, Anpassung und Widerstand)

Als Antoine de Saint-Exupéry 1900 geboren wurde, beschäftigten sich eine Reihe von Erfindern und Experimentatoren mit der Erfüllung des Menschheitstraums, einmal fliegen zu können. Man hatte die unterschiedlichsten Maschinen konstruiert, Modelle mit zwei, drei und vier beweglichen Flügeln. Der Franzose Chanute hatte ein Segelflugzeug entworfen, das von der Ursprungskonstruktion mit sechs schließlich auf zwölf an konzentrischen Ellipsen befestigten Flügeln heranwuchs.
Antoines Interesse für die Luftfahrt trat überdeutlich durch Konstruktion einer Flugmaschine zu Tage, bei der Laken über ein Gestell aus Bambusrohr gespannt waren und das er auf die Lenkstange seines Fahrrads montiert hatte. Genährt wurde diese Begeisterung durch den Umzug der Familie nach Le

Mans 1909. Die Brüder Wright, denen 1903 die ersten Motorflüge mit Benzinmotoren von 16 PS und einer Flugdauer von 12–59 Sekunden gelangen, waren über den Ozean gekommen und hatten ihre Werkstatt in Le Mans eröffnet. Wilbur Wright, Ernest Archdeacon und sein junger Mitarbeiter Gabriel Voisin zeigten dort Vorführungen, die bestehende Zweifel an den „Schwerer-als-Luft-Maschinen" immer mehr ausräumten. Im Herbst 1907 stieg ein von Voisin konstruierter Doppeldecker mit einem Motor von 40 PS und mit Rädern zum Landen auf und legte 350 m in der Luft zurück. 1903 hielt Wilbur Wright seine Maschine 11 Minuten lang in der Luft, wenige Tage später gelang Léon Delagrange ein Flug von fast 30 Minuten. Auch dieser Rekord wurde in kurzer Zeit von Orville Wright in den USA mit 57 Minuten Flugdauer gebrochen und postwendend übertrumpft von seinem Bruder in Le Mans mit 91 Minuten Flugdauer. Immer neue Flugweiten und Flughöhen begeisterten die Menschen und es ist bezeugt, dass der junge Saint-Exupéry mehrere Exkursionen zur Startbahn von Auvours unternahm.

neue Flugweiten und Flughöhen

In den Sommerferien 1912 war in der Nähe des Schlosses Saint-Maurice-de-Rémens ein Flugfeld eröffnet worden. Hier begegnete der Zwölfjährige dem damals berühmten Piloten Jules Védrines, der ihn hinter sich ins Cockpit hob und ihm seinen ersten Flug schenkte, der Antoine de Saint-Exupéry zum Dichter werden ließ.[4]

Der Erste Weltkrieg brachte der Technik der Luftfahrt weiteren Aufschwung, verbunden mit Namen wie Mercedes, Hispano Suiza, Renault, Ettore Bugatti und Roland Garros. Flugzeuge wie ein 1917 in Frankreich entwickelter Doppeldecker und die deutsche Fokker DVII machten ihre Piloten zu berühmten und verehrten Helden.

4 Vergl. die Gedichtzeilen in Fußnote 1.

Begeisterung für die Fliegerei

Saint Ex.' Begeisterung für die Fliegerei zeigt sich in seiner unermüdlichen Entschlossenheit, im Krieg wie im Frieden unter jeder Bedingung im persönlichen wie im beruflichen Feld als Pilot zu arbeiten, was trotz mehrfacher Abstürze und erheblicher gesundheitlicher Einschränkungen bis zu seinem letzten Aufklärungsflug gelungen ist. Abenteuer im Dienste der Menschheit, Mannschaftsgeist und humane Tat stellen die nie versiegende Antriebsquellen seiner Handlungen dar.

Den Ersten Weltkrieg erlebte Antoine als Schüler. Große Reflexionen über die Kriegshandlungen 1914–1918 finden wir bei ihm nicht. Wir erfahren von der Tätigkeit seiner Mutter als Pflegeschwester im Krankenhaus von Ambérieu.

Der Krieg stellte für die französische Bevölkerung eine ungeheure Belastung dar. Alle Kampfhandlungen im Westen fanden auf französischem Boden statt. Die Frontlinien zogen sich von Nord nach Süd durch belgisches und französisches Staatsgebiet, und der Krieg erstarrte zu einem Stellungskrieg, weil sich die defensive der offensiven Strategie gegenüber als überlegen erwies. Dies belegt das Beispiel des deutschen Generals Falkenhayn, der am 21. Februar 1916 den Befehl zum Angriff auf die französische Festung Verdun gab mit dem Ziel, die Franzosen „ausbluten" zu wollen. Als Falkenhayn im Juni die Schlacht ergebnislos abbrach, hatte die „Hölle von Verdun" 337.000 deutsche und 377.000 französische Soldaten verschlungen. Ende Juni bis Ende November des gleichen Jahres opferten in einer Offensive Engländer und Franzosen für einen Geländegewinn von 50 km Länge und 12 km Tiefe 400.000 Engländer und 200.000 Franzosen. Die Verluste auf deutscher Seite zählten 400.000 Menschen. Solche Erfahrungen ließen die anfängliche Kriegsbegeisterung schwinden.

Stellungskrieg

Im Gegensatz zu Deutschland blieb jedoch in Frankreich unter seinem Ministerpräsidenten Georges Clemenceau die zivile Gewalt der militärischen übergeordnet. Clemenceau erhielt vom Parlament das Verordnungsrecht in allen wirtschaftlichen Fragen. Der Krieg konnte jedoch trotz der amerikanischen Kriegsanleihen an Frankreich nur durch direktes Eingreifen der Amerikaner mit dem Masseneinsatz von Panzern beim Durchbruch an der Marne und dem Zurückdrängen der Deutschen an der West- und Ostfront zu Gunsten der Alliierten entschieden werden. Am 11. November 1918 unterzeichnete die deutsche Delegation den Waffenstillstand. Wilhelm II., der letzte deutscher Kaiser, dankte ab und ging ins Exil nach Holland. Der Sozialdemokrat Philipp Scheidemann rief die Republik aus. Die westlichen Demokratien hatten die konservativen Monarchien überwunden. Die Forderung des amerikanischen Präsidenten Wilson nach dem Recht der Völker auf Selbstbestimmung fand ihre vorläufige Durchsetzung. Die Zahl der Kriegstoten war größer als je zuvor. Frankreich hatte 1,38 Millionen Kriegstote zu beklagen.

Frankreich als Vormacht auf dem Kontinent

Nach dem Krieg sah Frankreich sich zur Vormacht auf dem Kontinent aufgestiegen. Um diese Position zu halten und zu festigen, betrieb es eine intensive Sicherheitspolitik und schloss Bündnisse mit den europäischen Nachbarstaaten einschließlich Russland im französisch-sowjetischen Beistandspakt von 1935. Die Reparationsverträge gegenüber Deutschland, auf deren Einhaltung Frankreich zum Wiederaufbau bestand („Deutschland wird alles bezahlen!"), verschärfte in Deutschland den Widerstand gegen die Erfüllungspolitik und trug zum Erstarken des nationalsozialistischen Gedankenguts erheblich bei. Mit dem Münchener Abkommen am 29. 9. 1938 zwischen England, Frankreich und Deutschland glaubte man, durch Zugeständnisse an Hitler den Frieden zu sichern. Im Anschluss an die Konferenz gab es eine deutsch-französische Erklärung über die Anerkennung der bestehenden Grenze. Die französische Wirtschafts- und Innenpolitik war aber für das Land wenig erfolgreich, und Streiks zur Verbesserung der Löhne und Arbeitsbedingungen lähmten die Wirtschaft. Die Inflationspolitik verminderte den Wert des Franc auf 20 % des Vorkriegskurses. Die Weltwirtschaftskrise traf 1929 durch die Verbilligung der Produkte am Weltmarkt das überwiegend agrarische Land hart und schürte die Unzufriedenheit deutlich. Indikator für die Instabilität zwischen den Kriegen war ein permanenter Wechsel der Regierung (Der Ministerpräsident wechselte 33-mal bei 42 Kabinettsumbildungen).

Krisenjahre der französischen Republik

Die dreißiger Jahre waren Krisenjahre der französischen Republik. Weil der wirtschaftliche Erfolg ausblieb, regten sich vor allem auf der Straße antiparlamentarische Kräfte. Ein Finanzskandal war Anlass für schwere Zusammenstöße zwischen der antiparlamentarischen Rechten und der Polizei in Paris am 6. Februar 1934. In Abwehr faschistischer Tendenzen wurden von den zur Volksfront zusammengeschlossenen Parteien unter dem Ministerpräsidenten Blum 1936 zwar Erfolge erzielt, der innerpolitische Kampf ging jedoch unvermindert weiter. Der Idealist und Nonkonformist Saint-Exupéry sah in der politischen Entwicklung vor allem den Verlust der von ihm hoch geschätzten Vielfalt in der kulturellen Entwicklung. Im Konformismus sah er Verarmung, weil der Staat als Mäzen nur die Einheit der Doktrin fördern würde.

Die Diskussion um ein Eingreifen in den Spanischen Bürgerkrieg auf Seiten der antifaschistischen Kräfte konnte auf Grund der gespaltenen Stimmung zwischen Antikommunisten und Antifaschisten im Land nicht entschieden werden. Zum erstenmal standen sich im Spanischen Bürgerkrieg verbündete faschistische Verbände unterschiedlicher Nationalität und Antifaschisten verschiedener Staaten gegenüber. Saint-Exupéry war als Kriegsberichterstatter für zwei französische Zeitungen im April und Mai 1937 dort. Seine fünf Artikel, die er telefonisch den Redaktionen übermittelte, zeugen von der zutiefst humanen Einstellung ihres Autors: Er empfand Bürgerkrieg als Krankheit und lokalisierte den Feind im Innern der Menschen. Die Kriegsparteien wären Ideologien verfallen, die in ihrer bösartigen Ansteckung der Pest vergleichbar wären. Die Welt sei krank vor einem Überangebot aufrührerischer Parolen, von denen manche so tödlich wären, dass Millionen unschuldiger Opfer stürben, so die Botschaft. Saint Ex' Artikel sind deshalb weniger Berichte als Reflexionen über Krieg, Tod, Zerstörung und den Sinn des Lebens.

Saint-Exupéry als Kriegsberichterstatter

Aber schon brauten sich neue Kriegswolken zusammen. Das Münchener Abkommen, von dem man sich den Erhalt des Friedens versprochen hatte, hielt dies Versprechen nicht. Hitler-Deutschland rüstete zum Krieg. Saint Ex, der sich in New York aufhielt, wo er Preise, Tantiemen und Ehrungen für seine Bücher entgegennehmen konnte, kehrte per Schiff nach Frankreich zurück. Am 1. September erfolgte Hitlers Angriff auf Polen, am 3. September 1939 erklärten Großbritannien und Frankreich Deutschland den Krieg. Hauptmann Saint-Exupéry gehörte zu diesem Zeitpunkt bereits wieder dem Fliegergeschwader 2/33, seiner alten Staffel mit Sitz in Orconte/Südfrankreich, an. Bei Verletzung der Neutralität Belgiens durch den Einmarsch der deutschen Truppen in Holland, Belgien und Frankreich und mit Beginn der deutschen Offensive in

Fliegergeschwader 2/33

Frankreich wurde die Staffel nach Paris/Orly verlegt. Im so genannten „Sichelschnitt" stießen deutsche motorisierte Verbände über die Ardennen an die Kanalküste und dann nach Nordosten und Süden vor. Ein Teil des englischen Expeditionskorps und kleine Abteilungen der französischen Armee retteten sich bei Dünkirchen über den Kanal nach England. Am 14. Juni 1940 wurde Paris besetzt. Am 19. Juni erreichten deutsche Truppen die Atlantikküste. Da das politisch zerstrittene Frankreich auf einen solchen Überfall nicht vorbereitet war, bestätigten Aufklärungsflüge, zu denen auch Saint Ex startete, nicht nur die ungeheuren über die Ardennen bewegten Truppen- und Panzerkolonnen, sondern auch die Flucht der Zivilbevölkerung und selbst französischer Truppen vor der deutschen Militärmacht. Die dem französischen Hauptquartier übermittelten Berichte wurden jedoch als unglaubwürdig zurückgewiesen. Schon am 22. Juni musste Frankreich die Waffenstillstandsbedingungen unterzeichnen.

Aufklärungsflüge

Die nördliche Hälfte und die Atlantikküste wurden besetzt. Der Reststaat unter Marschall Pétain in Vichy spielte eine Satellitenrolle, während General de Gaulle ein „Nationalkomitee der freien Franzosen" in London gründete. Frankreich war daher zunächst aus dem Krieg ausgeschaltet. Der Widerstand ging in den Untergrund. Saint Ex konnte nur konstatieren, dass Frankreich, wie es sich in der Zeit zwischen den Kriegen bereits deutlich gezeigt hatte, verteidigungsunfähig war, eine französische Luftwaffe war zum Beispiel nicht vorhanden. Wollte Frankreich an seinem Schicksal etwas ändern, so brauchte es massive Unterstützung. Aus der Sicht des Hauptmannes Saint-Exupéry konnte Hilfe nur aus den Vereinigten Staaten kommen, das sich politisch jedoch nicht in Europa engagieren wollte und eher Isolationismus betrieb. Als Offizier der Reserve wurde er, wie viele andere, noch 1939 demobilisiert und aus dem Kriegsdienst vorläufig entlassen, als Patriot aber suchte er mit anderen Offizieren Kontakte zu Regierungskreisen.

Als Gewinner eines Preises für *Wind, Sand und Sterne* rief ihn sein amerikanischer Verleger nach New York. Dort arbeitete er, wo immer es sich anbot, für die Wiederaufnahme von Kampfhandlungen gegen die Besatzer seines Vaterlandes. *Ein offener Brief* an Franzosen in aller Welt, am 29. November 1942, zuerst im Rundfunk ausgestrahlt, dann in Kanada veröffentlicht, beginnt mit den Worten: „Frankreich vor allem" und stellt im Weiteren fest: „Frankreich ist nur noch Schweigen, es ist irgendwo verloren in der Nacht. ... Sein Bewusstsein und sein geistiges Leben haben sich zusammengedrängt in dieser Finsternis. Wir werden nicht einmal die Namen der Geiseln erfahren, die Deutschland morgen erschießen wird."[5]

Ein offener Brief an Franzosen in aller Welt

Mit der Kriegserklärung Hitlers am 11. Dezember 1941 an die USA setzte sich Saint Ex für die erneute Aufnahme in die französische Armee als aktiver Flieger ein. Gegen alle Erwartungen verließ Saint-Exupéry Amerika als aktiver Offizier. Sein Bestimmungsort war Algier, wo er am 5. Mai wieder mit Hilfe einflussreicher Fürsprecher in den Dienst der Staffel 2/33 aufgenommen wurde, die der fotografischen Abteilung der Staffel des amerikanischen Obersten Elliott Roosevelt angliedert war. Die Wende des Krieges war herbeigeführt. Das Kriegsende, die bedingungslose Kapitulation Hitler-Deutschlands durch den Sieg der alliierten Staaten, hat der erfolgreiche und hingebungsvolle Pilot Saint-Exupéry nicht mehr erlebt. Als Mann der Tat, im Einsatz für eine große Sache, ist er vor Korsika vom Radarschirm für immer verschwunden.

Saint-Exupéry aktiver Offizier

5 Curtis Cate, ebd., S. 417.

1.3 Angaben und Erläuterungen zu wesentlichen Werken

Antoine de Saint-Exupéry ist vor allem durch seinen als Kinderbuch entworfenen, 1942 fertig gestellten Text *Der kleine Prinz* in Deutschland berühmt geworden. Es sind jedoch eine Reihe anderer Texte entstanden, die ebenfalls viele Leser und eine von der Presse begeisterte Aufnahme gefunden haben. Allen Texten von Saint Ex liegen persönliche Erlebnisse und Erfahrungen zu Grunde. Die in den Schriften auftauchenden Personen sind seinen persönlichen Vorgesetzten und Freunden nachgezeichnet.
Im April 1926 veröffentlichte Antoine de Saint-Exupéry in der Zeitschrift *Le Navire D'Argent* die erste Fassung der Novelle *Der Flieger*, die Ende 1928 erweitert als Roman unter dem Titel ***Südkurier*** als eigenständiges Buch erschien. Die Handlung gehört in die heroische Zeit der ersten regelmäßigen Postflüge auf der Strecke Toulouse-Dakar-Buenos-Aires, die Saint Ex als Pilot der Aéropostale geflogen ist. Der Pilot Bernis lässt auf einem nächtlichen Flug die Ereignisse der letzten Monate noch einmal vorüberziehen. Der Erzähler, ein hellsichtiger Beobachter, blendet in seinen Bericht über Bernis' Start in Toulouse und den sich anschließenden ruhigen Flug Briefe, Selbstgespräche und Reflexionen über das gefahrvolle Fliegerleben ein. Dabei erinnert er sich an das gleichmäßig ablaufende kleinlich geschäftige Treiben in der Großstadt Paris, dem er sich entfremdet hat. Geneviève, seine von ihrem Mann enttäuschte frühere Freundin, die er in Paris besucht hatte, war zwar nach dem Tode ihres kleinen Sohns bereit, mit Bernis fern von Paris ein neues Leben zu beginnen, aber auf der Flucht aus Paris erkrankte sie und musste sich und Bernis eingestehen, dass sie eine ungesicherte Existenz nicht ertragen würde. Bernis hatte sie daraufhin nach Paris zurückge-

bracht, wo sie kurz darauf verstarb. Danach ist Bernis zu seinem Dienst nach Toulouse zurückgekehrt.

Die Liebesgeschichte wird übergeleitet in die verantwortungsvolle Aufgabe des Piloten, der in der Pflichterfüllung den eigentlichen Lebenssinn sieht. Nach einer planmäßigen Zwischenlandung in Cap Juby setzt Bernis sein Flug fort, kommt aber an seinem Ziel Saint-Louis du Sénégal nicht an. Die Suchaktion bringt Klarheit über den Absturz, Bernis hatte zwar überlebt, ist aber dann von aufständischen Arabern erschossen worden. Nur die ihm anvertraute Post ist unversehrt. Das Thema des Romans ist nicht in erster Linie eine Liebesgeschichte und deshalb die Verarbeitung der eigenen großen Liebesenttäuschung mit seiner Verlobten Louise de Vilmorin, sondern ein Bekenntnis zur Pflichterfüllung bis zur Selbstaufgabe. Saint Ex zeigt sich schon in diesem frühen Werk als begeisterten und genauen Beobachter des Himmels und der überflogenen Landschaften. Auch in diesem Werk kündigt sich die Mystifizierung der Dinge an, die für die Arbeiten Saint-Exupérys typisch ist.

verantwortungsvolle Aufgabe des Piloten: Pflichterfüllung als Lebenssinn

1930 entsteht das zweite Buch von Antoine de Saint-Exupéry mit dem Titel ***Nachtflug***, zu dem André Gide ein anerkennendes Vorwort verfasste. Bei dem Werk handelt es sich um einen Erlebnisbericht, durch den der Leser nach Argentinien in die Pionierzeit der Nachtflüge versetzt wird.

Im Mittelpunkt steht der hoch angesehene Chef der Fluglinie Aéropostale d'Argentinia, Rivière, der dem Chef der französischen Fluglinien Didier Daurat getreu nachgebildet wurde. Daurat kann als Lehrer von Saint Ex und vor allem als Beschleuniger der Postverbindungen gelten, weil er die bis dahin unüblichen Nachtflüge anordnete. Das Thema ist

Problematik der Entscheidung für eine heldenhafte Tat

die Problematik der Entscheidung für eine heldenhafte Tat, die menschliches Leben immer wieder neu aufs Spiel setzt. In einer Nacht wartet Revière auf Nachrichten von drei Piloten, die unterwegs sind. Der Verlust einer Maschine könnte sein Werk bedrohen, für das er seinen Männern äußerste Strapazen abfordert, sie möglicherweise sogar opfert. Für ihn, wie für Antoine de Saint-Exupéry, liegt aber das wahre Glück nicht im Überleben, sondern in der Erfüllung der Tat, ein Gedanke, der das Gesamtwerk durchzieht. Weil Angst aber die Tat gefährdet, hat sich Rivière zur Aufgabe gemacht, den Fliegern die Angst zu nehmen, indem er sie die Schönheit des Universums lehrt und ihnen ihre Auserwähltheit vor Augen führt.
Der Flieger Pellerin kehrt als erster der drei Piloten vom Nachtflug zurück. Erschöpft berichtet er von einem Schneesturm über den Anden. Auch der Flieger aus Paraguay landet wohlbehalten, zu Fabien, dem patagonischen Kurier, ist die Verbindung jedoch abgerissen. In einen Zyklon geraten, führt er den für ihn aussichtslosen Kampf gegen die Elemente weiter, bis ihm der Treibstoff ausgeht.
Unter dem Titel *Terres des hommes* erschien 1939 ***Wind, Sand und Sterne***, Erlebnisberichte Antoine de Saint-Exupérys. Auch dieses Buch ist eine Hymne auf die Fliegerei. In lockerer Reihung enthält es Abenteuer und Begegnungen des Fliegers Saint-Exupéry auf seinen Flügen in Europa, Afrika und Südamerika. Es beschäftigt sich mit der Pionierzeit der Postflüge und mit Erinnerungen und den Schicksalen seiner tödlich verunglückten Kameraden. Höhepunkt des romanhaften Berichts ist eine Bruchlandung in der Wüste, die ihm und seinem Co-Piloten beinahe den Tod durch Verdursten gebracht hätte. Immer wieder werden in schwärmerischer, manchmal lyrischer Weise Situationen geschildert, die höchste Gefahren, Bewährung oder Rettung durch den Einsatz der Kameraden lebendig ge-

Hymne auf die Fliegerei

stalten. Als Flieger betont Saint Ex immer wieder das Auserwähltsein, das ihn zwischen Himmel und Erde ganz nahe an die Geheimnisse der Welt heranführt.
Flug nach Arras, ein Roman, der 1942 erschien, erzählt die Geschichte eines Aufklärungsfliegers im Zweiten Weltkrieg. Auch hier werden persönliche Erfahrungen verarbeitet, die Antoine de Saint-Exupéry anlässlich eines „Himmelfahrtskommandos" zur Erkundung der deutschen Truppenbewegungen in den Ardennen machen konnte. Der Krieg ist für Frankreich so gut wie verloren, die Flugstaffel befindet sich im Rückzug, das französische Heer in Auflösung. Dennoch wird der gefährliche Auftrag, das Überfliegen der feindlichen Panzerverbände und der deutschen Luftabwehr in 700 Metern Höhe, erteilt. Der an sich sinnlose Auftrag wird ausgeführt. Die Absurdität der Erfüllung eines solchen Auftrags ist Gegenstand der Auseinandersetzung. Eine befriedigende Rechtfertigung gibt es nicht. Das Spiel muss einfach gespielt werden, auch wenn dies unter falschen Regeln geschieht. Exemplarisch zeichnet Saint-Exupéry das Bild der Auflösung in der Schilderung von Kolonnen von Flüchtlingen, die ohne Ziel und Leitung wie Treibgut blindlings dem Verlauf der Straße nach Süden folgen. Angesichts seines drohenden Todes und des seiner Kameraden und Landsleute gerät der Verfasser in Reflexionen über Vergangenes, sein Bewusstsein entfernt sich immer weiter von den aktuellen Geschehnissen, es richtet sich auf das, was im Leben sinnvoll gewesen ist, auf die Kindheit, auf die Berufung des Menschen, auf den Sinn des Lebens, den Wert der Kultur und den der menschlichen Beziehungen. Das Buch verfolgt durch die eingefügten Reflexionen das Ziel, dem politisch gedemütigten Frankreich sein Selbstbewusstsein zurückzugeben.

Bild der Auflösung

Seit 1936 arbeitete Saint-Exupéry an einem Manuskript, das die Quintessenz seiner Lebenserfahrungen darstellt. Unter dem Titel ***Die Stadt in der Wüste*** ist eine Sammlung von Notizen, Reflexionen und Aphorismen, die als Tagebucheintragungen wohl nur für den Verfasser selbst bestimmt waren, postum 1948 erschienen. Saint Exupéry selbst betrachtete das Buch wohl als ein Stück seines Lebens, in dem auch Widersprüchliches zu finden ist, weil ähnliche Gedanken, aus unterschiedlichen Blickwinkeln betrachtet, sich nicht immer in einen widerspruchsfreien Zusammenhang fügen.

Tagebucheintragungen

Das Werk hat keine Handlung im eigentlichen Sinn. Es ist aus Parabeln einer exotischen Traumwelt zusammengefügt, in denen ein Berberprinz, Sprachrohr des Dichters, von seinem Vater, einem Wüstenkönig, in der Staatskunst unterwiesen wird. Nach dessen Tod entwirft der Prinz die Gesetze, nach denen sein Volk vereint sein soll. *La Citadelle* (die Zitadelle) oder *Stadt in der Wüste* ist eine Stätte des Geistes, ein Schloss der Seele. Sie enthält eine Lebensphilosophie, die sich mit dem Verhältnis des Menschen zu sich selbst, zu seiner Umwelt und zu Gott befasst. Auch hier wird die Anschauung von Saint-Exupéry deutlich, dass der schöpferische Mensch sich als tätiges Glied einer Gemeinschaft bewähren muss, wenn er ein glückliches und erfülltes Leben führen will. Selbstverwirklichung vollzieht sich im Dienst an der Gemeinschaft. Auch seine Auffassung von der Liebe gewinnt Konturen. Nicht im Besitzanspruch äußert sie sich, sondern im reinen Dasein ohne Forderung, in einer geistigen Übereinstimmung. Saint-Exupéry versucht zum Wesen des Menschen vorzudringen, indem er eine Ordnung im Sittlichen und Spirituellen entwirft, die mystischen Charakter aufweist, weil der Autor sich zu einer in Gott mündenden Transfiguration alles Irdischen bekennt. Das Aufgreifen romantischer Ideen macht die Schönheit und Eigenart dieses reifen Werks aus.

Dienst an der Gemeinschaft

2. Textanalyse und -interpretation

2.1 Entstehung und Quellen[6]

Im Sommer 1942 begann Antoine de Saint-Exupéry mit der Arbeit an der Kindererzählung *Der kleine Prinz.* Der Gedanke, eine Kinderfabel zu schreiben, stammte von seinem amerikanischen Verleger Curtice Hitchcock. Dieser sah Saint Ex eines Tages in einem New Yorker Restaurant Zeichnungen auf das weiße Tischtuch kritzeln. Gefragt, was er dort zeichne, antwortete er: „Nicht viel, nur ein kleines Kerlchen, das ich in meinem Herzen herumtrage."[7] Jahrelang, in Briefen, auf losen Zetteln, Papierservietten oder Menükarten war dieser „einsame kleine Kerl" in den verschiedensten Gestalten erschienen: manchmal mit einer Krone auf dem Kopf, auf einer Wolke sitzend, manchmal auf dem Gipfel eines Berges. Dieses „kleine Kerlchen" war der Funke zu der Idee, die Saint-Exupéry von seinem Verleger spontan vorgetragen wurde: Er solle ein Kinderbuch darum herum schreiben. Überrascht, denn Saint Ex hielt sich nicht für einen Berufsschriftsteller, aber nicht abgeneigt, äußerte er sich kurz darauf positiv gegenüber seinem Freund, Léon Wencelius, zu dem Angebot seines Verlegers. Mit Léon zusammen kaufte er die Farbstifte für Entwürfe zu dem „Kinderbuch". Er wollte sich zeichnend dem Auftrag nähern und erste Vorstellungen fixieren. Den Gedanken, Illustrationen bei Bernhard Lamotte für sein neues Buch in Auftrag zu geben – Lamotte hatte ihn mit der „telepathischen Genauigkeit" seiner Illustrationen zu *Flug nach Arras* überzeugt – verwarf er

eine Kinderfabel

6 Die Ausführungen über die Entstehung und die Quellen folgen im Wesentlichen der Darstellung von Curtis Cate, ebd. Kap. 21. *Ein einsames Kerlchen.* S. 403–410.

7 Ebd., S. 406.

alsbald und kam zu der Auffassung, dass er sowohl den Text schreiben als auch die Illustrationen eigenhändig anfertigen müsse. Sein Schachpartner während seines Sommeraufenthalts auf Long Island, der Publizist Denis de Rougemont, hat gegen Ende September 1942 in seinem Tagebuch notiert, Saint-Exupéry schreibe an einem Kindermärchen, das er selbst mit Wasserfarben illustriere. Er, Rougemont, gebe das Modell ab für den kleinen Prinzen, auf dem Bauch liegend, die Beine in der Luft; das Buch entstehe in einem Anfall schöpferischen Fiebers und Saint Ex mache den Eindruck eines Hirns, das nicht mehr aufhören könne zu denken.

eigenhändige Illustrationen

Die Arbeit am *Kleinen Prinzen* nahm ihn im Sommer und Herbst 1942 mehrere Monate in Anspruch. Nach der Vorstellung des Verlegers Hitchcock hätte es zu Weihnachten 1942 erscheinen sollen, es lag dann aber erst im Frühjahr 1943 vor und stieß in der amerikanischen Öffentlichkeit auf nur geringe Begeisterung, was sicher auch mit der kritischen Weltsicht des sich im amerikanischen Exil befindenden Saint-Exupéry zu erklären ist.

Erscheinung Frühjahr 1943

Direkte Quellen für dieses Buch lassen sich nicht ausmachen. Doch ist es sicherlich nicht verfehlt, seine überaus von ihm geliebte Kindheit anzuführen, die er als ein Paradies betrachtete, aus dem er, wie jeder andere, im Augenblick des Erwachsenwerdens vertrieben worden ist. In seinen Büchern beschwört er immer wieder diese im Schloss Saint-Maurice-de-Remens verlebte Kindheit mit den vor den großen Eichenschränken wandelnden Onkeln, der über alles geliebten und verehrten Mutter, den vier Geschwistern und dem Tiroler Kindermädchen Paula. Er wird nicht müde, in Augenblicken der Verlassenheit aus der Erinnerung an sie Kraft und Lebensmut zu schöpfen.

Kindheit von Saint-Exupéry

„Die Seinen nannten ihn den ‚Sonnenkönig', weil er so blond war. Bestätigten sie damit nicht auch eine Ausstrahlung, die sie getroffen hatte, ein natürliches Königtum, um das der Familienkreis spontan den Hofstaat bildete? […] Von den heimatlichen Wiesen zu den Sanddünen der Sahara erkennt man das Bild Saint-Exupérys wieder, das den Stempel einer sonnenhaften Majestät trägt."[8]

8 Luc Estang, *Saint-Exupéry*. Aus dem Französischen übertragen von Lilly Sauter. Rowohlts Bildmonographien. August 1999. S. 17.

2.2 Inhaltsangabe

Ich-Erzähler

Der kleine Prinz beginnt, indem sich der Ich-Erzähler mit einer Zeichnung, die er als sechsjähriges Kind angefertigt hat, vorstellt. Sie zeigt das äußere Erscheinungsbild einer Riesenboa, die einen Elefanten verschlungen hat, und der Erzähler gibt seiner Verwunderung über die Reaktionen der Erwachsenen Ausdruck, die in der Zeichnung die Darstellung eines Hutes sehen. Sein zweiter Versuch, diesmal eindeutig eine Innensicht der Schlange mit dem verschlungenen Elefanten darzustellen, führt die Erwachsenen dazu, ihm zu raten, mit dem Malen aufzuhören und sich besser nützlichen Schulfächern wie Geografie oder Grammatik zuzuwenden.

Erwachsenenleben als Flieger

So verzichtet der kindliche Ich-Erzähler auf seine Malerberufung und stellt sich im Erwachsenenleben als Flieger vor. Seine schlechte Meinung über die erwachsenen Leute aber, die eine Riesenboa für einen Hut halten, ist ihm geblieben. Gespräche, die er mit den vernünftigen Erwachsenen führt, sind oberflächlich, auf Alltäglichkeiten beschränkt, Außergewöhnliches wie Boas und Urwälder kommt nicht mehr zur Sprache. Mit den ihm interessant erscheinenden Themen ist der Flieger daher lange Zeit allein geblieben.

Notlandung in der Wüste

Mit einer Motorpanne des Fliegers in der Wüste Sahara, tausend Meilen von bewohnten Gegenden entfernt, ändert sich nach der Notlandung etwas sehr Entscheidendes. Allein auf sich gestellt, muss er mit einem begrenzten Wasservorrat die schwierige Reparatur bewerkstelligen. Da weckt ihn nach einem kurzen Schlaf auf dem Sand bei Tagesanbruch eine kleine Stimme mit der

Bitte, ein Schaf zu zeichnen. Vor ihm steht ein kleines, höchst ungewöhnliches Männchen, das seine Bitte wiederholt. Der Flieger aber, der sich an das vernichtende Urteil der Erwachsenen zu seiner Malkunst erinnert, zieht Papier und Stift aus der Tasche und zeichnet seine Riesenboa und den in ihr befindlichen Elefanten, das Einzige, was er könne. Daraufhin erntet er heftigen Protest gegen den „Elefanten in einer Riesenschlange"(12). Sie könne er aus Platzmangel bei sich zu Hause nicht gebrauchen, er wünsche ein Schaf. Und so zeichnet der Flieger, begleitet von den kritischen Einwänden und Anweisungen des Kleinen, Schafe, dann aber eine Kiste, von der er behauptet, dass das gewünschte Schaf in ihr stecke. Der Kleine, der für den Ich-Erzähler ein „kleiner Prinz" ist, freut sich über die Erfüllung seines Wunsches. Von diesem Zeitpunkt an verbringen beide viel Zeit miteinander, in der durch Fragen des kleinen Prinzen und durch aufmerksames Zusammenpuzzeln von Andeutungen der Ich-Erzähler den kleinen Prinzen Schritt um Schritt kennen und verstehen lernt: Der Prinz, ein kleiner, ganz außergewöhnlicher Herr, hat seinen Planeten, den Asteroiden B 612, verlassen, der Erzähler glaubt, dass es mit Hilfe wilder Zugvögel geschehen ist (34). Anlass für diesen Entschluss war die eitle und stolze Rose, mit der er in Schwierigkeiten geraten war. Sie hatte seine ganze Bewunderung erregt, sich aber als fordernd, undankbar und unwahrhaftig erwiesen, so dass sie am Wert füreinander zu zweifeln begannen. Zurückgelassen hat er aber auch seine drei Vulkane, die er jeden Morgen sorgfältig gekehrt hatte (34), und die sich aus den Samen entwickelnden Affenbrotbäume, die, würde man sie nicht schon bei ihrem Entstehen beseitigen, sich für den kleinen Planeten zur Katastrophe auswachsen würden. (21 ff.) Mit dem Verlassen seines

Der Prinz hat seinen Planeten, den Asteroiden B 612, verlassen

Planeten sind die Sonnenuntergänge, die er zu Hause bis zu 43-mal am Tag betrachten konnte, wollte er gegen aufkommende Traurigkeit ankämpfen (25), auf einen einzigen zusammengeschrumpft.

Reise zu anderen Asteroiden

Seine Reise führte ihn zuerst zu anderen Asteroiden, auf denen er jeweils seinem einzigen Bewohner begegnet ist. Zuerst trifft er den in Purpur und Hermelin gekleideten und auf einem Thron sitzenden **König**, der in ihm einen Untertanen sieht und von ihm Respekt und Gehorsam verlangt, ihm aber auch eine Reihe von Kostproben seiner „Herrscherweisheit" gibt. Dem Angebot des Königs, ihn zum Justizminister und zum Richter über eine alte Ratte zu machen, entzieht sich der kleine Prinz durch seine Weiterreise. (Kap. X)
Der zweite Planet wird von dem **Eitlen** bewohnt. Er sieht in dem kleinen Prinzen einen Bewunderer. Ein eintöniges, durch den Eitlen vorgeschriebenes Begrüßungszeremoniell und dessen Aufforderung, im Bewundern nicht nachzulassen, langweilen den kleinen Prinzen und bewegen ihn zur Fortsetzung seiner Reise. (Kap. XI)
Auf dem nächsten Planeten begegnet er dem **Säufer**, der säuft, um zu vergessen, dass er sich seines Saufens schämt, was zur überstürzten Abreise des kleinen Prinzen führt. (Kap. XII)
Der **Geschäftsmann**, Bewohner des nächsten kleinen Planeten, unterbricht bei der Ankunft des kleinen Prinzen das Herzählen von Zahlenkolonnen nicht. Er zählt die Sterne, die „kleinen goldenen Dinger, die glänzen [...], von denen die Nichtstuer träumerisch werden" (48), die er zu besitzen glaubt, um reich zu sein, und weil er als Erster ihren Besitz für sich beansprucht habe. Er sieht seine Aufgabe darin, sie zu verwalten, ihre Zahl auf ein Papier zu schreiben und dies als Ausweis seines Besitzes in einer Schublade zu verstauen. Mit der Bemerkung, dass der

Geschäftsmann für die Sterne zu nichts nütze sei, verlässt der kleine Prinz den Planeten. (Kap. XIV)
Seine Weiterreise führt ihn auf den fünften, einen sehr kleinen Planeten, gerade groß genug für eine Straßenlaterne und einen **Laternenanzünder**. Obwohl ihm die Existenz einer Laterne mit nur einem Bewohner etwas verrückt vorkommt, findet er, dass im Vergleich zu den vergangenen Erfahrungen die Arbeit des Laternenanzünders einen Sinn habe. Ihm ist, als würde mit dem Anzünden der Laterne etwas Neues, ein Stern oder eine Blume in die Welt gesetzt, die beim Auslöschen der Laterne einschliefen. Mit der Begründung, eine Weisung für das Auslöschen und Anzünden der Laterne zu haben, wiederholt der Anzünder die Tätigkeit endlos. Das für ihn inzwischen schreckliche Geschäft, das ihm keine Zeit zum Ausruhen lässt, führt er auf die im Laufe der Zeit immer schnellere Rotation des Planeten zurück, ohne dass an der Weisung etwas geändert wurde, die Laterne am Abend anzuzünden und am Morgen zu löschen. Tag und Nacht wechseln innerhalb einer Minute, ein Monat vergeht in 30 Minuten. Um dem Laternenanzünder zu helfen, schlägt der kleine Prinz vor, langsamer zu gehen, aber der Anzünder lehnt ab, weil er auch dann keine Aussicht auf Schlaf habe. Der kleine Prinz spürt, dass der Laternenanzünder der einzige Planetenbewohner ist, den er nicht lächerlich findet, denn er beschäftigt sich nicht mit sich selbst, er hätte ihn sich als Freund vorstellen können, aber sein Planet ist für zwei zu klein. Immerhin habe ihm dieser Planet aber in 24 Stunden tausendvierhundertvierzig Sonnenuntergänge geschenkt. (Kap. XIV)

Der Laternenanzünder ist der einzige nicht lächerliche Planetenbewohner

Der sechste Planet endlich, auf den der kleine Prinz gerät, ist zehnmal so groß und wird von einem Wissenschaftler, einem

Geografen, bewohnt. Auf seine Frage erklärt er dem kleinen Prinzen, dass er ein Gelehrter sei, der die Lage von Meeren, Flüssen, Bergen, Städten und Wüsten kenne. Aber auf die Frage, ob all diese Dinge sich auf seinem Planeten befänden, bekommt er zur Antwort, dass der Geograf dies nicht wissen könne, da er kein Forscher sei. Er sei nicht dazu da, diese Dinge zu zählen, er könne die amtlich nachgeprüften Notizen der Forscher nur aufschreiben. Die Anwesenheit des kleinen Prinzen nutzend, bittet er ihn um die Beschreibung seines Planeten. Er spitzt den Bleistift, doch als der kleine Prinz seine Blume erwähnt und seine Vulkane, befindet er, dass solche Dinge wie Blumen ihrer Vergänglichkeit wegen nicht aufzuschreiben seien. Er fragt den Geografen um Rat, wohin er sich nun wenden solle. Die Antwort lautet: „Auf den Planeten Erde, er hat einen guten Ruf ..." (Kap. XV)
So ist nun der kleine Prinz **auf der Erde** gelandet. Das Kapitel XVI konzentriert sich darauf, die Erde und ihre Bewohner mit den vom kleinen Prinzen besuchten Planeten und deren Bewohnern zu vergleichen mit dem Ergebnis, dass die Reiseerfahrungen des kleinen Prinzen auch für den großen Planeten Erde nützlich sind. Auf ihm könne man millionenfach die gleichen Typen antreffen. Es sei eine Frage der Ausmaße. Doch der kleine Prinz wundert sich, er ist bislang niemandem begegnet. Doch dann trifft er auf die **Schlange**, von der er auf seine Frage hin erfährt, dass er in Afrika, in der Wüste gelandet ist, in der niemand wohne. Er zeigt der Schlange seinen Planeten, der sehr weit entfernt über ihnen steht, und deutet ihr an, dass er wegen der Schwierigkeiten mit einer Blume auf der Erde sei. Die Schlange aber, die seine Sehnsucht nach seinem Planeten spürt, lässt ihn wissen, dass sie die Macht besitzt, ihm eines Tages, wenn er es wünsche, die Rückkehr nach Hause zu ermöglichen. (Kap. XVII)

millionenfach die gleichen Typen

Bei seiner Durchquerung der Wüste begegnet er zunächst **einer ganz armseligen Blume** (63), die er nach den Menschen fragt. Die Blume teilt ihm ihre Erfahrungen mit den Menschen mit. Sechs oder sieben gibt es, die der Wind verwehe, weil sie keine Wurzeln hätten. Auf der Suche nach den Menschen besteigt der kleine Prinz einen Berg, um sich eine Übersicht über die Erde zu verschaffen, aber er sieht niemanden, und seine aufs Geratewohl gesprochenen Sätze kehren zu ihm als **Echo** zurück. Endlich gerät er nach langem Wandern auf eine Straße, der er auf der Suche nach den Menschen folgt. Er gerät in einen blühenden **Rosengarten**. Die Rosen erinnern ihn an seine Blume, aber auch daran, dass sie sich für einzigartig hält. Die Erinnerung an seinen Planeten stimmt ihn sehr traurig, weckt in ihm aber auch ein Gefühl für seine Kleinheit. (Kap. XVIII–XX)

Suche nach den Menschen

Dann aber trifft der kleine Prinz auf den **Fuchs.** Von ihm erfährt er das Geheimnis der Freundschaft und der Liebe, das in der Verantwortung besteht, die Freunde und Liebende füreinander übernehmen. Hinwendung und Sorge machen den anderen zu einem Geschöpf, das in seiner Art einzigartig ist. Der Fuchs rät ihm, in den Rosengarten zurückzugehen, um die Einzigartigkeit und Wichtigkeit seiner Rose für sich selbst und seine Verantwortlichkeit für sie, die er sich vertraut gemacht hat, zu begreifen. (Kap. XXI)

Geheimnis der Freundschaft und der Liebe

Bei seiner **Suche nach den Menschen** trifft der kleine Prinz zunächst auf den **Weichensteller**. Von ihm erfährt er, dass die Menschen in ihren Schnellzügen eilig und ziellos unterwegs sind, weil sie nicht wüssten, was sie wollten. Nur die Kinder wüssten das. Sie würden ihre Zeit auf Dinge wenden, die ihnen wertvoll seien.

nur Kinder wissen, wohin sie wollen

Der **Händler**, den er als nächsten trifft, klärt ihn über die Zeitersparnis seiner Kunden auf, die durststillende Pillen schluckten statt zu trinken. (Kap. XXIII) Solche Darstellungen erzeugen beim kleinen Prinzen Unverständnis, erinnern aber den Ich-Erzähler, der seit acht Tagen mit der Reparatur seines Flugzeugs beschäftigt ist, daran, dass er den letzten Tropfen seines Wasservorrats gerade verbraucht hat. Der kleine Prinz schlägt vor, gemeinsam einen **Brunnen zu suchen**. In der Nacht ihrer Suche entdecken sie viele Gemeinsamkeiten, die vor allem in ihren Erinnerungen und ihrer Bewunderung für die sie umgebenden und fernen Schönheiten der Wüste und des Himmels bestehen. Als der kleine Prinz erschöpft einschläft, trägt ihn der Erzähler auf seinen Armen weiter und **findet bei Tagesanbruch einen Brunnen**. (Kap. XXIV) Es ist ein für die Wüste ungewöhnlicher Brunnen, eine Art Dorfbrunnen, aus dem man das Wasser mit einer Winde und einem Kübel heraufzieht. Beide trinken dieses Wasser, das sie als Geschenk empfinden. Den Ich-Erzähler erinnert es an den Weihnachtsglanz seiner Kindheit und den kleinen Prinzen an seine Rose.

Absturz des kleinen Prinzen auf die Erde vor einem Jahr

Nun wünscht sich der kleine Prinz einen Maulkorb für sein Schaf. Auf die Frage des Erzählers nach den Plänen des kleinen Prinzen gesteht ihm dieser, vor einem Jahr ganz in der Nähe des Brunnens auf die Erde gestürzt zu sein. Im Erzähler keimen Vermutungen und Ängste auf, dass der kleine Prinz mit dem Gedanken einer Rückkehr zu seinem Planeten spielen könnte. Mit der Bitte, am nächsten Abend wiederzukommen, schickt der kleine Prinz ihn an die Reparatur seiner Maschine zurück, die endlich gelingt. (Kap. XXV) Am nächsten Abend sieht er aus der Ferne den kleinen Prinzen auf der Mauer einer Ruine neben dem Brunnen sitzen und hört ihn sprechen. Er wird auch der Schlange gewahr, von deren giftiger Gefährlichkeit er weiß, und die aufgefangenen Gesprächsfetzen lassen ihn ahnen, dass der kleine Prinz mit der Schlange eine Vereinbarung getroffen hat, die ihm die Rückkehr zu seinem Stern ermöglichen soll. Durch einen Biss in den Knöchel wird sie ihn von seiner Körperlichkeit befreien, und er wird mit dem Schaf in der Kiste und dem Maulkorb zu seiner Rose zurückkehren, weil er für seine Blume verantwortlich ist.

eine Vereinbarung mit der Schlange

Dem Erzähler aber, der über den bevorstehenden Abschied untröstlich ist, hinterlässt er den lachenden Sternenhimmel, denn auf dem vom kleinen Prinzen bewohnten Stern – zu klein, um unter den vielen Sternen ausgemacht werden zu können – wird künftig wieder dessen Lachen ertönen. (Kap. XXVI)

Nun, nach sechs Jahren der Begegnung, erzählt der Flieger die Geschichte zum ersten Mal. Er weiß sicher, dass sein kleines Kerlchen auf seinen Planeten zurückgekehrt ist. Er hat dessen Körper nicht wiedergefunden, und nachts hört er den Sternen zu. Leider ist ihm aber eingefallen, dass er dem Maulkorb keinen Lederriemen gezeichnet hat, der dem kleinen Prinzen erlaubt hätte, ihn dem Schaf aufzusetzen, und er fragt sich, was sich auf dem Planeten ereignet hat. Hat das Schaf die Blume gefressen oder hat der kleine Prinz die Blume geschützt und das Schaf sorgfältig bewacht? Je nach Antwort, die sich der Erzähler gibt, lachen oder weinen die Sterne, und er mutmaßt, dass es allen Kindern, die den kleinen Prinzen lieben, nicht anders ergeht.

Nach sechs Jahren der Begegnung erzählt der Flieger die Geschichte zum ersten Mal

Einem Nachwort vergleichbar schließt die Geschichte mit einer kommentierten Zeichnung. Sie zeigt die Land-

Geschichte schließt mit einer kommentierten Zeichnung

schaft, in der der kleine Prinz auf der Erde erschienen und aus der er wieder verschwunden ist. Die Leser werden aufgefordert, dort ein wenig zu verweilen, sollten sie eines Tages in diese Landschaft der afrikanischen Wüste gelangen; außerdem sollten sie dem Erzähler, um seine Traurigkeit zu beenden, Nachricht geben, falls sie dem kleinen Prinzen wieder begegneten.

2.3 Aufbau

2.3.1 Schematische Darstellung

Widmung: Bitte an die Kinder	
I Vorstellung des Ich-Erzählers als Kind und als Erwachsener	
II Flugzeugpanne in der Wüste und erste Begegnung mit dem kleinen Prinzen	
Rückblende: III–XV	Probleme und Flucht des kleinen Prinzen: Reise über sechs Planeten und Begegnung mit ihren Bewohnern
Rückblende: XVI–XXV	Ankunft auf dem siebten Planeten Erde und Sammeln von Erfahrungen in sieben Begegnungen Freundschaft zwischen Ich-Erzähler und dem kleinen Prinzen
XXVI Beheben der Flugzeugpanne: Abschied und Heimkehr von Flieger und Prinz	
XXVII Rückblick auf die Geschichte	
Nachwort: Bitte an die Kinder	

2.3.2 Kommentar

Der kleine Prinz beginnt mit einer **Bitte an die Kinder**, dem Erzähler die Widmung an einen Erwachsenen nicht zu verübeln. Mit einer **neuerlichen Bitte an die Kinder,** ihm Nachricht über eine Begegnung mit dem kleinen Prinzen zu geben, **endet das Buch**.

dialogische Gestaltung

Auffällig ist von vornherein die dialogische Gestaltung, die bis zum letzten Satz eingehalten wird. Konsequent stellt sich der Erzähler im nächsten Kapitel vor. Er greift zurück auf Erfahrungen, die er als Sechsjähriger mit Erwachsenen gemacht hat, und seine kritischen Einstellungen erzeugen sogleich stilles Einvernehmen mit den Kindern oder den Lesern, die sich ein kindliches Gemüt bewahrt haben. Konsequent entspringt die **Begegnung mit dem kleinen Prinzen** einer Flugzeugpanne, Folge der Flieger-Berufswahl des Ich-Erzählers, nachdem er wegen der Kritik der Erwachsenen auf eine Malkarriere verzichtet hat. In der Begegnung des Fliegers mit dem kleinen Prinzen wird sogleich auf die Gemeinsamkeiten der beiden abgehoben. „Wie! Du bist vom Himmel gefallen?" – „Also auch du kommst vom Himmel! Von welchem Planeten bist du denn?"(14) Aus Andeutungen und Fragen des kleinen Prinzen formt sich allmählich ein **geschlossenes Bild über seine Herkunft, seine Probleme** („Ach, kleiner Prinz, so nach und nach habe ich dein kleines schwermütiges Leben verstanden.", (24)) **und die Stationen seiner Flucht über sechs Planeten,** die als geschlossene **Rückblende in sechs Kapiteln** dargeboten werden, ehe er im Kapitel XIV die Erde als den siebten Planeten erreicht.

retardierendes Moment

An dieser Stelle wird ein retardierendes Moment eingeschoben, das in übertriebener und vergleichender Darstellung die Erde als potenziertes Spiegelbild der sechs anderen Planeten und ihrer Bewohner darstellt.

Auf der Erde hat der kleine Prinz dann **sieben Begegnungen** – er trifft auf die Schlange, auf die Blume mit nur drei Blütenblättern, das Echo, das er für eine Antwort des Menschen hält, den Rosengarten, den Fuchs, den Weichensteller und den Händler – bevor er auf den Flieger stößt. Zu diesem Zeitpunkt steht der kleine Prinz kurz vor dem Jahrestag seiner Landung (und somit seines Abschieds von der Erde) und der **Rückkehr zu seinem Planeten**. Parallel geführt ist die Heimkehr des Fliegers. Er hat seine Maschine repariert und kann nun ebenfalls den Ort der Begegnung verlassen.

2.3.3 Zur Gattung

Er arbeitet an einem „Kindermärchen", hatte Denis Rougemont in seinem Tagebuch notiert. Saint-Exupéry schreibt dieses Märchen 1942 im amerikanischen Exil, in einer für Frankreich und damit auch für den Patrioten Saint Ex unglückseligen Zeit. Es stellt sich dar als „poetische Botschaft der Hoffnung in dürftiger Zeit"[9], wie Winfried Freund Märchen definiert. *Der kleine Prinz* ist ein modernes Kunstmärchen, entsprungen aus dem Hunger nach Glück.

ein modernes Kunstmärchen

Es folgt dem dualen Rhythmus von Aufbruch und Heimkehr, vorangetrieben von dem immer wiederkehrenden Wunsch der Rückkehr des kleinen Prinzen zu seiner Blume auf seinem kleinen Planeten. Der Verlauf der Reise hat den Aufbruch als fatalen Irrtum entlarvt, den das Märchen durch seinen Charakter korrigiert, denn **Märchen lassen die Wünsche in Erfüllung gehen**. Mit dem kleinen Prinzen betritt auch der Ich-Erzähler die Welt seiner Kindheit und begegnet sich selbst. Im Erzählen des Märchens versetzt er sich in das Paradies seiner Kindheit zurück, aus dem er bei Eintritt in die Welt der Erwachsenen ausgestoßen worden war. Die Widmung an seinen Freund Léon Werth, der er hinzufügt: „ALS ER NOCH EIN KLEINER JUNGE WAR", verdeutlicht diese Rückwendung.

9 Winfried Freund, *Deutsche Märchen.* München UTB für Wissenschaft, Fink 1996. S. 14.

Beide, der kleine Prinz und der Ich-Erzähler, berichten von einer vergangenen Phase ihres Lebens. Ihre Erinnerungen werden parallel geführt. Wegen der Schwierigkeiten mit einer Blume, Symbol einer aufkeimenden Liebe, mit der das kindlich unreflektierte Kreisen um sich selbst aufgegeben wird, hat er sich aus seinem Paradies vertreiben lassen und erkennt im Verlauf der Handlung immer deutlicher, dass dies ein Fehler war. Als Märchenprinz aber kann er ihn korrigieren, denn auch die unerfüllbar scheinenden Wünsche seiner Protagonisten erfüllt das Märchen. Die Möglichkeit, das Paradies wiederzugewinnen, sobald er sich von den Fesseln der Erdenschwere gelöst hat, ist ihm von Anfang an gegeben. Hier, ebenso wie in der ständigen Präsenz des sich ins Geschehen einmischenden Erzählers, wird die **Nähe zum romantischen Kunstmärchen** deutlich: Die Wunscherfüllung vollzieht sich im romantischen Kunstmärchen nicht im Endlichen, sondern im Unendlichen, jenseits geschichtlicher Räume und geschichtlicher Zeit.

Wunscherfüllung im Unendlichen

„Im Nirgendwo und Nirgendwann wird das Mögliche wirklich, verwandelt sich die Welt zurück in das Paradies, in gelebte Harmonie von Mensch und Natur, in die Eintracht alles Seienden mit dem Sein.“[10]

Märchentypisch ist auch, dass der Glücksucher sein **Geschick selbst in die Hand nehmen** muss. Daher ergreift der kleine Prinz die Chance, die ihm die Schlange bietet, nachdem er verstanden hat, worin ihre Macht besteht: „Wen ich berühre, den gebe ich der Erde zurück, aus der er hervorgegangen ist“, hat sie ihn aufgeklärt. (62) Ob seine Rückkehr gleichzeitig ein Neubeginn ist, lässt der Ich-Erzähler offen. Ihm war in der

10 Ebd., S. 11.

Rolle des Zeichners eine **wichtige Funktion bei der Lösung der Probleme** des kleinen Prinzen zugefallen. Leider ist ihm jedoch ein Kunstfehler unterlaufen. Der fehlende Lederriemen am Maulkorb bedeutet fortgesetzt eine latente Gefahr für die Rose. Weil dieser Fehler nicht korrigierbar ist, schwankt das Glück des zurückgebliebenen Freundes. Auf der Erde bleibt die Glücksutopie unvollkommen.

Motiv der Blume

Das Motiv der Blume entstammt ebenfalls dem romantischen Kunstmärchen. In Klingsohrs Märchen aus Novalis' *Heinrich von Ofterdingen* erkennt Heinrich in der Blume das Gesicht Mathildens, seiner von ihm verlassenen Geliebten, zu der er zurückkehrt. Märchenanklänge zeigen sich auch in der Verwendung der Zahlensymbolik.[11] Die Zahlen vier, drei und sieben werden ausdrücklich erwähnt. Die armselige Blume, auf die der kleine Prinz in der Wüste trifft, hat drei Blütenblätter, seine Rose hat vier Dornen. Die Dreizahl, die im Märchen typische Geltung hat, ist die höhere Synthese aus dem einen (1) und dem andern (2), sie kann ihre Bedeutung gleichwohl aus den Mondphasen wie aus der Familiendreiheit (Vater, Mutter, Kind) schöpfen. Die Rose des kleinen Prinzen hat vier Dornen. Die Zahlen Vier, Acht und Zwölf entsprechen den Himmelsrichtungen und dem Lauf der Sonne um die Welt. Die Zahlenaddition 3 + 4 vereint die göttlichen (3) und die kosmischen (4) Kräfte und macht auf diese Weise die Zahl Sieben bedeutungsvoll und zum Symbol der Vollständigkeit[12].

Zahlensymbolik

---

11 Richard Beitl: *Wörterbuch der deutschen Volkskunde.* 3. neubearbeitete Auflage. Stuttgart 1974. S. 988 f. Manfred Lurker (Hg.): *Wörterbuch der Symbolik.* 2. erw. Auflage. Stuttgart 1983. S. 777 ff.

12 Märchentitel: *Sieben auf einen Streich, Die sieben Raben, Die sieben Brüder.* Heilszeichen: siebenarmiger Leuchter, siebentoriges Theben, sieben Gaben des Hl. Geistes, siebter Himmel u. a. m.

Der kleine Prinz reist über sechs Planeten zum siebenten Planeten Erde. Hierin ähnelt er auffällig *Hans im Glück*, dem Protagonisten des gleichnamigen Märchens der Brüder Grimm. Nach sieben Arbeitsjahren bricht Hans auf, um zur Mutter heimzukehren. Die siebte Station endlich führt ihn zu seinem Ursprung zurück. Auch der kleine Prinz durchläuft auf dem siebten Planeten sieben Stationen (Schlange, Blume, Echo, Rosengarten, Fuchs, Weichensteller und Händler), bevor er auf den Flieger trifft, der schließlich – parallel zu ihm – die Heimreise antritt.

Kraft zur Überwindung seiner Todesangst

Aus der Weigerung des kleinen Prinzen, die Wirklichkeit, so wie sie ist, hinzunehmen und sich mit der Ferne zu seiner Blume abzufinden, erwächst ihm die Kraft zur Überwindung seiner Todesangst. Er lässt seine Hülle zurück und kehrt heim in den Kosmos.

2.4 Personenkonstellation und Charakteristiken

Die Personen im Märchen vom kleinen Prinzen sind zwei Gruppen zuzuordnen.

Die erste Gruppe besteht aus Charakteren, die zweite aus Typen. Unter Charakteren versteht man entwicklungs- und lernfähige Personen, die den Verlauf der Handlung vorantreiben und bestimmen. Dabei kann es sich sowohl um positive Charaktere handeln, auch Spieler oder Protagonisten genannt, als auch um negative, die Gegenspieler und Antagonisten.

Typus: eine unveränderliche Figur mit feststehenden Merkmalen

Im Gegensatz zum Charakter versteht man unter einem Typus eine unveränderliche Figur mit feststehenden Merkmalen. Diese sind festgelegt durch ihren Beruf und ihren Stand. Oft unterliegen sie der Verspottung der in ihnen verkörperten menschlichen Schwächen, die ironisiert und karikiert werden. Typisierung bedeutet daher durchgängig Verzicht auf Individualisierung und Darstellung von Einmaligkeit, sondern Veranschaulichung allgemein beobachtbarer Befunde.

Auf seiner Reise zur Erde begegnet der kleine Prinz auf den sechs von ihm besuchten Asteroiden jeweils einem Typus.

Der König auf dem Asteroiden Nr. 325 (die Kennzeichnung durch Zahlen verweist auf die schnörkellose Nüchternheit und Direktheit) ist der erste, den der kleine Prinz besucht. Das typische Merkmal eines Königs ist die **Ausübung von Herrschaft** über andere. Als Untertanen sind sie zum absoluten Gehorsam und Einhalten höfischer Etikette in seiner Gegenwart verpflichtet. Damit dies gelingt, muss der König ihnen imponieren, was durch herrschaftliche Insignien wie Thron, Hermelinmantel und Krone geschieht. Niederlagen kann sich ein König, will er seine Macht nicht aufs Spiel setzen, nicht leisten. Um seine vermeintliche Autorität keiner Niederlage auszusetzen, handelt er gerissen und schlau. Im Recht muss man sein, dann gibt es keinen Widerspruch. Fordern und Befehlen sollte der König vom Untertanen immer das, was dieser ohnehin kann. Beachtet er solche Spielregeln, dann kann er sogar einen Sonnenuntergang befehlen, vorausgesetzt er wählt den richtigen Zeitpunkt. Im Augenblick seines Aufbruchs macht er den kleinen Prinzen zu seinem Gesandten.

Der Eitle, auf den der kleine Prinz als Nächsten trifft, sieht sein Gegenüber ebenfalls nur aus der ihm typischen Sichtweise. Seine **Besucher kommen als Bewunderer** mit der Absicht, ihm zuzujauchzen. Auf anderes als Lobreden hört der Eitle nicht und seine Rede erschöpft sich im Gebrauch von Superlativen.

Den Säufer trifft der kleine Prinz vor einer Batterie leerer Flaschen an. Wenn jemand trinkt, möchte er etwas vergessen oder verdrängen, selbst dann, wenn nichts anderes zu vergessen ist als die Scham darüber, ein Säufer zu sein.

Typische **Merkmale eines Geschäftsmanns** sind Zählen, Rechnen und Besitzgier. Nicht zu unterbrechende Geschäftigkeit, Rechnen in Hundertmillionengrößen und der Anspruch auf den Besitz dessen, was man gezählt hat, kennzeichnen deshalb auch die Begegnung des kleinen Prinzen mit dem Geschäftsmann des vierten Planeten, der die Sterne in Besitz nimmt, weil er der Erste ist, der sie beansprucht. Einzige Funktion des Besitzes ist jedoch, dass er verwaltet wird.

Im **Laternenanzünder** auf dem fünften Planeten begegnet der kleine Prinz dem **Typus des Funktionärs**. Dieser ist unfähig, auf veränderte Verhältnisse mit Veränderung der eigenen Verhaltensweisen zu reagieren. Einer einmal erfolgten Weisung bleibt er absolut unterworfen und ist eher bereit, sich selbst aufzugeben, als einen Schritt in eine andere Richtung zu machen. Selbstständiges, selbstverantwortetes Handeln bleibt ihm fremd, ihm ist nicht zu helfen.

Mit der Beschreibung des **Geografen** auf dem sechsten Planeten ironisiert Saint-Exupéry die selbstgefällige Abgrenzung der Wissenschaft von der Kunst. Den Wissenschaftler in Gestalt des Geografen beschäftigen die allgemeinen, unveränderbaren, bewiesenen Erscheinungen (Meere, Ströme, Städte, Berge und Wüsten). Die unverrückbaren Tatsachen werden verewigt. Mit Vergänglichem, und sei es auch ästhetisch schön, beschäftigt sich die Wissenschaft nicht. Hier wird der Dualismus von ‚Science' und ‚Art', Naturwissenschaft und Kunst zu Ungunsten der Naturwissenschaft ironisch beleuchtet.

selbstgefällige Abgrenzung der Wissenschaft von der Kunst

Mit dem Fall auf die Erde lässt der kleine Prinz die Typen, zu denen er keine Beziehung entwickelt hat, hinter sich. Von nun an begegnet er in aller Regel anderen Charakteren, zu denen er eine Beziehung aufbaut, so dass sie für seine eigene Entwicklung bedeutsam werden.

Charaktere

Auf seiner Suche nach den Menschen begegnet er zuerst der **Schlange.** „Dünn wie ein Finger", erscheint sie ihm zunächst als „drolliges Tier"(62). Aber sie **nimmt zuhörend und einfühlsam Anteil** an seinen Problemen. Bereitwillig geht sie auf seine Fragen ein, die sie weise beantwortet. Sie klärt den kleinen Prinzen über das Wesen der Einsamkeit auf. Darüber hinaus stellt sie ihm ihre **‚Macht'** vor und verhilft am Ende dem kleinen Prinzen zur Rückkehr auf seinen kleinen Planeten.

Hilfsbereitschaft

Die ganz armselige Blume mit nur drei Blütenblättern, die er nach den Menschen fragt, gibt dem kleinen Prinzen zwar Auskunft, aber diese Begegnung zeigt, dass dem Einzelnen nur das maßgeblich erscheinen kann, was er kennt und selbst

erfahren konnte. Die Antwort der Blume, aus dieser Anschauung gewonnen, berührt eine tiefer liegende Schicht. „Es fehlen ihnen [den Menschen] die Wurzeln, das ist sehr übel für sie." (63)
Auch die Bergbesteigung des kleinen Prinzen, mit der er sich einen Überblick verschaffen will, endet mit einer Erfahrung, die er auf die Menschen bezieht. Weil er sein **Echo** für ihre Antwort hält, beurteilt er sie als langweilig und fantasielos. Mit dieser oberflächlichen und auf den ersten Blick falschen Zuordnung trifft der kleine Prinz aber auch charakteristische Merkmale menschlicher Existenzweisen.
Der **Besuch im Rosengarten** versetzt den kleinen Prinzen in große Zweifel über die Behauptung **seiner Rose**, einzigartig zu sein. Indem er sich an ihre Eitelkeit, Zimperlichkeit und Rechthaberei erinnert, kommt er zu der für ihn sehr traurigen Feststellung, „kein sehr großer Prinz" (66) zu sein.
Glücklicherweise erscheint in diesem Augenblick der **Fuchs**. Er ist wie die Schlange als helfendes Tier eine typische Märchenfigur, weise und willens, den kleinen Prinzen in die entscheidende, ethisch-moralische Lebensphilosophie einzuweihen.
Im Einklang mit der Natur lebend hat er sich im Unterschied zu den Menschen sein natürliches Wissen erhalten: Freunde gewinnt man, indem man sie zähmt, und zähmen heißt, sich mit einem Du vertraut zu machen, seine Einzigartigkeit zu erkennen. Ein Gegenüber zu haben, das einem wichtig ist und für das man selbst wichtig ist, bedeutet die Überwindung der ‚Eintönigkeit' im ursprünglichen Wortsinn. Der Klang der Stimme des anderen, die Erwartungsfreude, seine Verlässlichkeit, die dauernde Erinnerung an ihn, die das Erinnerte im eigenen Leben verankert, sind unverzichtbare Merkmale der

Freunde gewinnt man, indem man sie zähmt

Freundschaft und Liebe. Der Fuchs betont auch, dass die Menschen sich mit ihrer Unrast der Möglichkeit beraubt haben, sich Freunde zu schaffen. Sie haben das Wesen der Freundschaft vergessen: Sich für den anderen Zeit zu nehmen, sich ihm einfühlsam anzunähern durch gemeinsam entwickelte Rituale und Traditionen. Sich vertraut machen mit einem Du bedeutet, es für sich selbst in den Stand der Einzigartigkeit zu erheben. Durch den Fuchs dringt der kleine Prinz in das Wesen der Liebe vor. Mit seiner Hilfe erkennt er den Unterschied der Rosen des Rosengartens zu seiner Blume, die er sich vertraut gemacht hat, indem er sie umsorgt und für sie Verantwortung übernommen hat. Verantwortung für den anderen zu tragen, das ist die Wahrheit der Freundschaft und Liebe, die die Menschen leider vergessen haben. (73)

Die Begegnung mit dem Weichensteller bestätigt ihm, was er bisher über die Menschen gelernt hat, sie sind ziellos und unstet, immer in rastloser Bewegung, weil sie überall unzufrieden sind. Ihre Erfindungen dienen der Zeitersparnis, mit der sie paradoxerweise nichts Sinnvolles anzustellen wissen. Im Angesicht menschlicher Existenzweisen lernt der kleine Prinz sich selbst kennen und die eigenen Handlungen beurteilen.

Mit dem kleinen Prinzen wird gleichzeitig der Ich-Erzähler charakterisiert

Mit dem kleinen Prinzen, der zentralen Figur der Märchenerzählung, wird gleichzeitig der Ich-Erzähler, der Flieger, charakterisiert. Während die Erwachsenen sich weit aus der Welt ihrer Kindheit entfernt und den Sinn für alles, was wirklich wichtig ist, verloren haben, begegnet der Flieger im kleinen Prinzen seinem Kinder-Ich. Beide sind aus dem Himmel gefallen, beiden gemeinsam ist der Durst nach dem besonderen Wasser, gemeinsam machen sie sich auf, den Brunnen zu finden, und hören den Gesang seiner Zugwinde, mit der das Wasser aus der Tiefe kommt. Sie sind sich einig über die Schönheit der Sterne und der Wüste, zusammen erleben sie die Stille und das Leben in der Erinnerung. Der kleine Prinz denkt an seine Blume, während sich der Ich-Erzähler in die Kindheit in einem alten verzauberten Haus zurückversetzt. (77) Beiden ist die Erstarrung in der Welt der Erwachsenen fremd. Wie der kleine Prinz auf seiner Reise zum Mitspieler der einzelnen Planetenbewohner geworden war, (42; 45) so wird der Ich-Erzähler zum Mitspieler des kleinen Prinzen, indem er ihm zeichnend seine Wünsche erfüllt. (12; 81) Neugierig und beständig weiterlernend schreitet ihre Entwicklung auf dem einmal eingeschlagenen Weg voran, auf der Reise, die unternommen wurde, um sich zu bilden. (37) Nicht furchtlos, aber unverzagt, wird das Ende ins Auge gefasst. Mit dem Abschied vom kleinen Prinzen kehrt der Ich-Erzähler in die Welt der Erwachsenen zurück, aber sein Märchen wendet sich fortan an diejenigen, die in der Unschuld der Kindheit verharren.

Ich-Erzähler als Mitspieler des kleinen Prinzen

2.5 Sachliche und sprachliche Erläuterungen

Das Märchen vom kleinen Prinzen ist als Kinderbuch konzipiert. Man ginge allerdings an der Bedeutung des Textes vorbei, würde man es auf ein Buch allein für Kinder reduzieren. Die verwendeten Wörter und Begriffe bedürfen nur selten einer Erklärung im vordergründigen Wortgebrauch. Die Offenlegung der tiefer liegenden Symbolschichten soll jedoch dem nachfolgenden Kapitel 2.6 vorbehalten werden. An dieser Stelle werden daher nur Spezialausdrücke in alphabetischer Reihenfolge erklärt:

Adieu:	Abschiedsformel aus dem Französischen; ursprünglich ‚à Dieu' = ‚zu Gott'; regional gebräuchlich als ‚Ade'. Dem eigentlichen Wortsinn liegt die Bedeutung eines endgültigen Abschieds zu Grunde.
Affenbrotbaum:	botanisch ‚Baobab'. Besonders in den Steppengebieten Afrikas wachsender hoher Baum mit ungewöhnlich dickem Stamm, starken, waagerecht ausladenden Ästen und gurkenförmigen, essbaren Früchten.
Asteroid:	zu griechisch ‚aster' = Stern und ‚oeides' = ähnlich: kleiner Planet, Planetoid.
Echo:	griechisch ‚echo' zu: ‚eche' = Schall. Schallreflexion; Widerhall, Nachhall. Hier gebraucht zur Erklärung von Unselbstständigkeit

	im Denken, unreflektierter Wiedergabe der Meinung anderer.
Planet:	griechisch ‚planetes' von ‚planes' = der Umherschweifende; astronomisch: nicht selbst leuchtender, großer Himmelskörper, der sich um die Sonne dreht; Wandelstern. Wir kennen neun Planeten, von denen die Erde als blauer Planet gilt, weil er vom Weltraum aus gesehen blau leuchtet.
Prinz:	königliches Kind, Mitglied eines regierenden Fürstenhauses.
Vulkan:	zu lateinisch ‚Vulcanus': Berg, aus dessen Innerem Lava und Gase ausgestoßen werden; ein tätiger Vulkan speit im Gegensatz zum erloschenen Feuer.

2.6 Stil und Sprache

Ich-Erzähler durchgängig präsent

Im *Kleinen Prinzen* ist der Erzähler als Ich-Erzähler durchgängig präsent. Er wendet sich an sein jugendliches Publikum und macht von vornherein klar, dass er mit ihm zu paktieren gedenkt. „Ihr habt Vertrauen zu mir." (60) Daher setzt er sich von den Erwachsenen ab, auf deren Sachlichkeit und der aus ihr resultierenden Fantasielosigkeit er gern verweist. Seine Gespräche mit Erwachsenen zwingen ihn, deren Standpunkte zu teilen, damit er ihnen als „vernünftiger Mann" (9) erscheint. Mit den Kindern aber teilt er die Einstellungen zum Leben ebenso wie die Fantasie. Es liegt ihm daran, sich von den Wertvorstellungen der Erwachsenen abzusetzen. „Moralist" will er nicht sein, aber vor den Affenbrotbäumen will er warnen, weil er die „Dringlichkeit" der Warnung eingesehen hat. (24) Die Übereinstimmung des Ich-Erzählers mit den Kindern findet im Gebrauch des Personalpronomens „Wir" als Ausdruck der Zusammengehörigkeit ihren Niederschlag:

„Wir" als Ausdruck der Zusammengehörigkeit

„Wir freilich, die wir wissen, was das Leben eigentlich ist, wir machen uns nur lustig über die albernen Zahlen." (18 f.) oder „Wir auf unserer Erde sind viel zu klein, um unsere Vulkane zu kehren. Deshalb machen sie uns so viel Verdruss." (35).

Die direkten Begegnungen mit dem kleinen Prinzen **haben dialogischen Charakter**, während das, was der Erzähler auf Grund der Fragen und zufällig aufgefangener Worte des kleinen Prinzen nach und nach enthüllt, (24) im Erzählerbericht und in Gestalt einer Rückblende dargeboten wird. Doch selbst in den Rückblenden gibt der Berichterstatter Dialoge wieder und

Erzählerbericht und Rückblende

macht durch das Einfügen wörtlicher Redeteile den **Leser** zum fortgesetzten **Augenzeugen des Geschehens**.

„Moralist" möchte der Ich-Erzähler nicht sein, deshalb sind Kapitel, in denen der Autor belehrend auftritt, voll anschaulich dargebotener **Übertreibungen** (XVI).

Saint-Exupéry **spielt** hier und da auch **mit Wortbedeutungen**. Wenn der König des ersten Asteroiden am Schluss den kleinen Prinzen zu seinem „Gesandten" (42) macht, so wird dadurch erreicht, dass ihm die Illusion der Befehlsgewalt über seinen Untertanen geblieben ist, an der kompromisslosen Entschlossenheit des kleinen Prinzen ändert dies jedoch nichts. Gegen die „Eintönigkeit" setzt der Fuchs den „Klang der Schritte" des kleinen Prinzen, und mit den Weizenfeldern wird er das weizenblonde Haar des kleinen Prinzen zukünftig assoziieren. Beim Besuch des Eitlen häuft Saint-Exupéry die Superlative „dass ich der schönste, der bestangezogene, der reichste und der intelligenteste Mensch des Planeten bin." (45) Sowohl beim Säufer als auch beim Geschäftsmann bedient sich der Ich-Erzähler **paradoxer Darstellungsweisen**, wenn er den Säufer saufen lässt, um zu vergessen, dass er sich für sein Saufen schämt, und den Geschäftsmann „die Zahl der Sterne auf ein kleines Papier" schreiben und in eine Schublade einsperren (50) lässt, als Beweis für deren Besitz.

Superlative

Auffällig sind auch die Kapitelschlüsse. Sie fassen Behaltenswertes für den Leser noch einmal sentenzenhaft zusammen und erteilen ihm auf diese Weise unaufdringlich eine Lehre. „Ich gleiche doch wohl schon eher den großen Leuten. Ich musste ja im Lauf der Zeit älter werden." (IV). „Die Lehre, die ich damit gebe, ist gewiss der Mühe wert [...]" (V). „Ich wusste nicht wie ich zu ihm gelangen, wo ich ihn erreichen konnte ... Es ist so

Lehre

geheimnisvoll, das Land der Tränen." (VII) „Ich hätte hinter all ihren Schlichen ihre Zärtlichkeit erraten sollen. Die Blumen sind so widerspruchsvoll! Aber ich war zu jung, um sie lieben zu können." (VIII) „Man muss die Lampen sorgsam schützen: ein Windstoß kann sie zum Verlöschen bringen ..." (XXIV)

Verwendung von Symbolen

Das hervorstechendste sprachliche Mittel ist die Verwendung von Symbolen. Man wird unterscheiden müssen zwischen symbolischen Gegenständen und symbolischen Handlungen, will man ihre vielfältige Verwendung bei Saint-Exupéry erfassen. Zu den feststehenden Symbolen gehört beispielsweise **die Schlange**. Ihre **Symbolbedeutung ist ambivalent**. Die Mythologie ordnet sie sowohl dem Tod als auch dem Leben zu. Die Häutung der Schlange symbolisiert Wiedergeburt und neues Leben, während ihr Gift auch für den kleinen Prinzen den irdischen Tod bedeutet. Gleichzeitig aber ermöglicht sie ihm die Rückkehr zu seinem Planeten und zu einem neuen Leben mit seiner Rose. Die **Rose** ist auf Grund ihres Duftes, ihrer Schönheit und ihrer Vergänglichkeit **Symbol für Liebe, Tod und Paradies**. Die Rose ohne Dornen ist Mariensymbol und verweist darauf, das die Gottesmutter „ohne Sünde" ist. **Die rote Rose gilt vorwiegend als Liebessymbol**. Mit ihr verbinden sich aber auch Vorstellungen von Tod und jenseitigem Weiterleben. Die Etrusker nannten den Friedhof „Rosengarten" und folgten damit der Vorstellung des Weiterlebens im Paradies. Der Tod bringt dem kleinen Prinzen die Rückkehr zu seiner geliebten Blume, nachdem er auf seiner Reise reif geworden ist für die Liebe. Aber seine Rose hat vier Dornen. Sie ist nicht unschuldig an seinem Weggang, daher nicht ohne Sünde. Der Sinn der Dor-

Schlange

Rose

nen wird zwischen dem Flieger und dem kleinen Prinzen erörtert, ohne dass er ermittelt würde. (VII).

Sterne

Wie die Rose sind auch die Sterne Versinnbildlichungen. Auch ihre Bedeutung ist ambivalent. Auf seiner Reise über die anderen kleinen Planeten begegnet der kleine Prinz in Gestalt ihrer Bewohner der Stagnation. Als fensterlose Monaden sind sie nicht in der Lage, sich dem anderen zu öffnen. Sie verharren in ihren äußerst begrenzten Vorstellungen. Als Ziel der Sehnsucht aber sind die Sterne Symbol für das Himmlische und Unerreichbare. In dieser Bedeutung leuchten sie dem kleinen Prinzen ebenso wie dem Ich-Erzähler, und der kleine Prinz ist bereit, seine zu schwere Hülle zurückzulassen, um zum Ziel seiner Sehnsucht zurückzukehren.

Brunnen

Dem Brunnen liegt die Bedeutung der Lebensquelle zugrunde, im Märchen und im Volksglauben kündet er von Tod und Leben zugleich. Der kleine Prinz führt den Flieger zum Brunnen, aus dem er das besondere **Wasser**, das Wasser des Lebens, schöpft, mit dem sie sich laben. Auf dem Weg zum Brunnen erfährt der Flieger, dass auch der kleine Prinz **„Durst"** hat, Symbol für das Verlangen, endlich dahin zurückzukehren, woher er gekommen ist. Der kleine Prinz vergleicht die Sterne mit dem Brunnen. Sie werden ihm zu trinken geben und der Klang der verrosteten Winde wird sich für den Flieger beim Anblick des Sternenhimmels in Schellenklang verwandeln, Sinnbild für das helle, kindlich unschuldige Lachen des kleinen Prinzen. (XXVI)

symbolische Handlungen

Die beiden gemeinsamen symbolischen Handlungen verbinden den kleinen Prinzen mit dem Ich-Erzähler. Sie verweisen auf ihre **Mobilität**. Beide sind „vom Himmel gefallen" (14), sie befinden sich auf einer Etappe ihrer Lebensreise, von der sie erneut aufbrechen werden. Der Flieger wird nach der Reparatur seines Flugzeugs, der kleine Prinz nach Vollendung seines Erdenwegs heimkehren. Konsequent folgt dem Aufbruch die Heimkehr. Doch nur wer den Aufbruch wagt, kann der Erstarrung seiner begrenzten Welt entkommen. Die Betrachtung aus der Distanz ermöglicht Erkenntnis, wer sich nicht entfernt, wird den emotionalen Wert dessen, was er hinter sich lässt, nie erfahren.

> *„Ich hätte sie nach ihrem Tun, nicht nach ihren Worten beurteilen sollen. Sie duftete und glühte für mich. Ich hätte niemals fliehen sollen! Ich hätte hinter all den armseligen Schlichen ihre Zärtlichkeit erraten sollen. Die Blumen sind so widerspruchsvoll! Aber ich war zu jung, um sie lieben zu können."* (34)

Der Sturz auf die Erde hat dem kleinen Prinzen sowohl die Erkenntnis über die Liebe zu seiner Blume als auch Erkenntnis über sich selbst gebracht. Lieben heißt, nicht sich selbst, sondern den anderen wichtig zu nehmen. Weil der kleine Prinz den Aufbruch gewagt hat, kann er nun zu seiner Blume heimkehren, deren Wert er erkannt hat.

2.7 Interpretationsansätze

Thema: „Bindungen zwischen den Menschen"

Gegensatz zwischen *raison* und *imagination*

Ein früher Versuch der Auseinandersetzung mit Saint-Exupérys *Kleinem Prinzen* stammt von **Hugo Dyserinck** in den *Neueren Sprachen* 1959. Er sieht in dem Märchen eine weitere Verarbeitung von Saint-Exupérys zentralem Thema der „Bindungen zwischen den Menschen."[13] Die positiv gesehene Gedankenwelt des Kindes wird zu einer Kritik an der Welt der Erwachsenen. Der Glaube der Erwachsenen, sich in der Welt vernünftig zu verhalten, ist in Wirklichkeit ein Irrglaube. Der kleine Prinz erscheint als das eigentlich vernünftige Wesen. Es kann für die charakteristischen Schwächen der Erwachsenen nur sehr wenig Verständnis aufbringen. Dyserinck stellt den wichtigen Gegensatz zwischen *raison* und *imagination* (Vernunft und Vorstellungskraft/Fantasie) heraus.

> *„Als Verkörperung der Kinderseele in ihren reinsten und vielversprechendsten Möglichkeiten verfügt der kleine Prinz hier eben über die imagination, die nötig ist, um das Schaf zu sehen. Wer dies hingegen nicht mehr kann, ist ‚alt geworden'."*[14] (Vgl. *Der kleine Prinz,* 20)

Aber auch in der Welt der *imagination* existiert eine Werteskala, in der Gutes vom Bösen unterschieden wird. Die Affenbrotbäume sind die Inbegriffe des Bösen, weil sie den Keim der Zerstörung in sich bergen. Hier verweist der Autor auf die penibel ausgeführte großformatige Zeichnung des Affenbrot-

13 Hugo Dyserinck, *Zu Antoine de Saint-Exupérys ‚Le Petit Prince'*. In: Die Neueren Sprachen 8 (1959). S. 493.

14 Vgl. ebd., S. 495.

baums und den dazugehörigen Kommentar. (Vgl. *Der Kleine Prinz,* 23) Nur durch Disziplin und Ordnung kann das Glück bewahrt werden. „Es muss feste Bräuche geben", fügt der Fuchs, diesen Gedanken aufgreifend, hinzu. (70) Dyserinck fasst seinen Kerngedanken schließlich dahingehend zusammen, dass *Der kleine Prinz* „die ganze Erzählung hindurch der *raison* und der Welt der *grandes personnes* (der Erwachsenen) den Prozess macht. [...] Die Kritik an der Welt der Erwachsenen bedeutet weder eine Verneinung des Lebens noch einen Kult des Anarchischen, noch die Vorstufe zur Aufforderung zu einer Revolte. Sie führt vielmehr zu dem Versuch, diese intensivierte Bewertung der Kindheit in ein umfassendes Ordnungsgefüge einzubauen und ihrer Entfaltung auf diese Weise gleichsam genaue Grenzen zu setzen."[15]

Exupérys Menschenbild

Ernst August Racky setzt sich 1954 mit Exupérys Menschenbild auseinander. Er kommt zu dem Schluss, dass im *Kleinen Prinzen* ein Bild des „Massenmenschen entworfen wird, der auf die Fragen des Kindes selbstbewusst und selbstgefällig antwortet."[16] Alle sind so sehr mit sich selbst beschäftigt, dass sie kein Verhältnis zur Umwelt entwickelt haben. Ihre Leidenschaften erfüllen sie so sehr, dass sie selbst, wenn sie den Unwert ihres Tuns erkannt haben, wie im Fall des Säufers, eher Betäubung suchen statt Änderungen anzustreben. Sie wissen nichts von der Bedrohung des Einzelnen und wiegen sich in einer scheinbaren Sicherheit. An solchen Handlungen, so der Autor, übe Saint-Exupéry herbe Kritik.

Bedeutung der Kindheit im Werk

Pierre Pagé[17] hat sich 1963 ausführlich mit der Bedeutung der Kindheit im

15 Ebd., S. 498 f.

16 Ernst August Racky, *Die Auffassung vom Menschen bei Antoine de Saint-Exupéry.* Wiesbaden 1954. S. 42.

17 Pierre Pagé, *Saint-Exupéry et le monde de l'enfance.* Montreal et Paris 1963. S. 87–113.

Werk Exupérys auseinander gesetzt. Er weist durch intensive Textbetrachtung des Gesamtwerks nach, dass sie eine bedeutende Rolle spielt, und stellt autobiografische Bezüge her. Auch er hebt die negative Rolle der Erwachsenen im *Kleinen Prinzen* hervor, in deren Verhalten sich der Verlust der Sinnhaftigkeit des Lebens spiegelt. Nur wer mit dem Herzen sieht und sich auf die Tugenden der Freundschaft, der Liebe und der Verantwortung für den anderen besinnt und die Lehren des Fuchses beherzigt, kehrt zur Menschlichkeit, zu dem, was allein zählt, zurück.

Monika Bosse geht hart ins Gericht

Monika Bosse[18] geht mit dem *Kleinen Prinzen* hart ins Gericht. Sie meldet Bedenken an gegen den „didaktischen Wert dieser verschlüsselten Handlungsanweisung im Märchenform."[19] Saint-Exupéry schöpfe aus der Tradition der französischen Moralisten. Der Text stelle ein Konglomerat simplifizierender Verkürzungen dar und verwässere und verniedliche auf unerträgliche Weise. Dem jugendlichen Leser würde suggeriert, es mit begründeter philosophischer Deutung schwieriger Probleme zu tun zu haben. Durch die Aneinanderreihung von Klischees würde aber nur eine Stimmung der Verlassenheit erzeugt und die traditionalistischen Deutungsmuster würden auf diesem Weg erneut befestigt.

Mit ihrer Kritik fängt die Autorin die **oppositionelle Stimmung** der siebziger Jahre **gegen die bürgerliche Gesellschaft** exemplarisch ein und stellt unter Beweis, wie sehr Deutungsschwerpunkte vom gesellschaftlichen Standpunkt des Interpreten geprägt werden. Nicht weniger verfehlt stellt sich deshalb heute die quasi marxistische Studie von Eva-Maria Knapp-Tepperberg dar. Auch sie wird den poetischen Intentionen des Textes in keiner Weise gerecht.[20]

18 Monika Bosse, *Antoine de Saint-Exupéry*. In: Lexikon der Kinder- und Jugendliteratur Bd. 3. Hrsg. v. Klaus Doderer. Weinheim und Basel. 1979. S. 245–247.

19 Ebd., S. 247.

20 Eva-Maria Knapp-Tepperberg, *Heroisches Handeln und Melancholie*. Frankfurt/M. 1975. S. 73–91.

In seinem Buch beschäftigt sich **Edward J. Capestany**[21] (1982) ausführlich mit dem Text, in dem für ihn fünf Entwicklungsebenen durchlaufen werden: Die erste Ebene sei die des Kindes. Die Kindheit könne die Totalität der Realität noch nicht erfassen. Vorstellungskraft, Einfachheit, Liebe und Demut seien hervorragende Eigenschaften, aber erst in der zweiten Ebene, der Ebene der Adoleszenz, werde die Reife erlangt, die eine Bewertung der Qualität einer Handlung (gut/böse) ermögliche. In der Adoleszenz paare sich Emotionalität mit Wissen. Daraus aber ergäben sich oft, wie auch beim kleinen Prinzen, bedauerliche und traurige Erfahrungen. Auf der dritten Ebene werde die Welt der Erwachsenen, die des kalten Positivismus, erreicht, in der sinnvolle Handlungen verschwänden und Sinn mit der oberflächlichen Erscheinung verwechselt werde. Dieser Mangel aber könne nur in der vierten Ebene der natürlichen Kontemplation ausgeglichen werden. Es gelte, den Sinn hinter der Oberfläche der Dinge aufzuspüren. Gelinge dies, so werde die Ebene der Mystik betreten, das Feld der übernatürlichen Kontemplation. Durch die göttliche Gnade gelinge es, Wissen in Glauben, Selbstliebe in Nächstenliebe zu verwandeln. Resultat des Durchlaufens der letzten Stufe sei die Vereinigung mit Gott und die ewige Glückseligkeit.

fünf Entwicklungsebenen

Eine religiös motivierte Interpretation hat 1954 **Yves Le Hir** geliefert.[22] Er stellt den *Kleinen Prinzen* zwar in die Märchentradition, sieht in ihm aber auch Anklänge an die Gospels und starke Anspielungen auf das Leben Jesu. Parallelen zu Christus sieht er in seinem Erscheinen in der Wüste in der Krise seines Lebens. Wie der zwölfjährige Jesus seine Mutter im Tempel mit der

Anspielungen auf das Leben Jesu

21 Edward J. Capestany, *The Dialectic Of ‚The Little Prince'*. Washington 1982. S. 63–65.
22 Yves Le Hir, *Fantasie et Mystique dans ‚Le Petit Prince' de Saint-Exupéry*. Paris 1954.

Antwort überrasche, die er auf ihre Frage gibt, nachdem sie ihn lange besorgt gesucht hat, so überrasche der kleine Prinz mit seiner Reaktion auf die Zeichnungen des Fliegers. Er sei wie Christus eine Lichtgestalt, „rein" (62), wie selbst die Schlange befindet. Wie für Christus sei auch für den kleinen Prinzen der Tod das Tor zur Heimkehr. Beide fürchteten sich davor, aber sie gingen den Weg. In der Nacht vor dem Abschied finden der kleine Prinz und der Flieger gemeinsam den Brunnen und trinken gemeinsam aus ihm, Höhepunkt des Märchens und Erinnerung an das letzte Abendmahl der Apostel mit Jesus. Das Wasser im *Kleinen Prinzen*, die gemeinsame Labung, ist „entsprungen aus dem Marsch unter den Sternen, aus dem Gesang der Rolle, aus der Mühe meiner Arme. Es war gut fürs Herz, wie ein Geschenk" (80), und es wird erinnert an Weihnachten und an die Musik der Weihnachtsmette. Le Hir betont aber auch die Unterschiede. Der kleine Prinz sei nicht auf die Erde gekommen, um die Menschen wie Christus zu erlösen. Er möchte zurückkehren zu seinem Planeten und zu seiner geliebten Rose. Auch fehle ihm das perfekte Wissen. Er lerne, und die Erwachsenen können durch ihn die Idiosynkrasien erkennen, Ergebnisse ihres Umgangs mit der Welt.

3. Themen und Aufgaben

Die Lösungshilfen beziehen sich auf die Kapitel der vorliegenden Erläuterung.

1) Thema: *Der kleine Prinz* als Märchentext ▶ Forschen Sie der Entstehung des Textes nach. ▶ Geben Sie Kriterien an, die den *Kleinen Prinzen* als Märchentext ausweisen.	Lösungshilfe: 2.1 2.3.3 5.
2) Thema: Die Welt der Erwachsenen im *Kleinen Prinzen* ▶ Diskutieren Sie Unterschiede zwischen der Sichtweise der Erwachsenen und der des Kindes anhand von Textpassagen.	Lösungshilfe: 2.2
3) Thema: Die Darstellung von Typen ▶ Versuchen Sie eine Definition zu finden, was in der Literatur unter „Typ" verstanden wird, und begründen Sie Ihre Auffassung anhand von Textbeispielen.	Lösungshilfe: 2.4
4) Thema: Die Darstellung von Charakteren ▶ Versuchen Sie eine Definition eines „Charakters" im Gegensatz zum Typus. Geben Sie Beispiele aus dem Text.	Lösungshilfe: 2.4

5) Thema: Der Aufbau — Lösungshilfe:

- Gliedern Sie die Lektüre gemäß ihrer Abschnitte und stellen Sie Abweichungen vom linearen Erzählen heraus. — 2.3.1, 2.3.2

6) Thema: Die Sprache — Lösungshilfe:

- Stellen Sie die Bedeutung der Symbolsprache heraus und zeigen Sie die Bedeutung einzelner Symbole vor dem Hintergrund der Textaussage auf. — 2.6, 2.6
- Belegen Sie anhand von Textstellen sprachliche Besonderheiten wie Übertreibungen, Groteskes, Sprachspiele.

7) Thema: Die Verfilmung — Lösungshilfe:

- Diskutieren Sie, welche Art der filmischen Darstellung (Spielfilm/Zeichentrickfilm) sich für das Märchen vom *kleinen Prinzen* besonders eignet. Begründen Sie Ihre Auffassung. — 4.

8) Thema: Zeitgeschichtlicher Hintergrund — Lösungshilfe:

- Stellen Sie Überlegungen darüber an, ob *Der kleine Prinz* auch ohne Kenntnisse des geschichtlichen Hintergrundes deutbar wäre. — 1.2, 1.1
- Stellen Sie Zusammenhänge dar zwischen der Biografie des Autors Saint-Exupéry und seinem kleinen Prinzen.

9) Thema: Die Zeichnungen im *Kleinen Prinzen*

Lösungshilfe: 2.6, 4.

- Diskutieren Sie über die Art der Ausführung der Zeichnungen und stellen Sie eine Verbindung zwischen Text und Zeichnungen her.
- Stellen Sie Überlegungen darüber an, warum die Darstellung der Affenbrotbäume aus dem Rahmen fällt.
- Versuchen Sie, für eine Szene, für die das Märchen keine Zeichnung bereithält, eine Darstellung zu entwerfen.

10) Thema: Die literarhistorische und persönliche Bedeutung des Textes

Lösungshilfe: Vorwort, 5., 2.7

- Geben Sie für Mitschüler einer anderen Klasse Begründungen an, warum *Der kleine Prinz* im Unterricht gelesen werden sollte.
- Diskutieren Sie Gründe für die ganz unterschiedliche Beurteilungen des Textes (in 2.7).

4. Rezeptionsgeschichte

Seit seinem Erscheinen gehört *Der kleine Prinz* zu den am meisten gelesenen Büchern der Literatur des 20. Jahrhunderts. Es ist das Werk der französischen Literatur, das in der Nachkriegszeit außerhalb der französischen Sprachgrenzen die größte Verbreitung fand. Im deutschen Sprachbereich hat die kleine Taschenbuchausgabe, wie sie in der Schule benutzt wird und die diesen Erläuterungen zu Grunde liegt, bis zum Jahr 2000 eine Auflage von über 5 Millionen erreicht. Daneben existieren Geschenk-Ausgaben, die ebenfalls sehr hohe Auflagenzahlen aufweisen. Die Rechte an den deutschsprachigen Ausgaben liegen seit 1950 beim Karl Rauch Verlag in Düsseldorf. *Der kleine Prinz* ist in der Nachkriegszeit zu einer wichtigen Schullektüre und zum Unterrichtsgegenstand sowohl im Französisch- und Religions- als auch im Deutschunterricht geworden. 1978 wurde für den Französischunterricht der gymnasialen Oberstufe ein Unterrichtsmodell über zehn Schulstunden entwickelt, dem eine Sachanalyse und detaillierte Kapitelausdeutungen im Sinne von Symbolerklärungen vorangestellt wurde.[23] Eine dem Aufbau des *Kleinen Prinzen* nachspürende Interpretation für Lehrer und Schüler hat Edgar Neis 1985 vorgelegt, die durchaus lesenswert ist und einen, wenn auch sehr knappen, Vorschlag für den Umgang im Unterricht macht.[24]

große Verbreitung

Während das kleine Werk bei seinem Erscheinen in Europa sogleich begeisterte Aufnahme fand, wurde es von der

23 Ekkehard Blattmann, Barbara Hoth, Leonore Zwölfer, *Antoine de Saint-Exupérys ‚Le petit prince' oder Die Verwandlung der Welt zum Symbol.* Eine Unterrichtsreihe für die gymnasiale Oberstufe. Heidelberg 1978.

24 Edgar Neis, *Antoine de Saint-Exupéry, ‚Der kleine Prinz'.* Interpretation und Vorschlag zur Unterrichtsarbeit. Beyer Verlag, Hollfeld , 4. verbesserte Auflage 2000.

amerikanischen Öffentlichkeit zunächst nur mit geringem Interesse bedacht. Vielleicht waren gewisse Kritiker von den ironischen Hieben gegen die amerikanische Zivilisation vor den Kopf gestoßen. Fest steht, dass Antoine de Saint-Exupéry in seinem amerikanischen Exil die Gesellschaft der Franzosen und nicht die der Amerikaner gesucht hat. Die englische Sprache hat er nie erlernt. In der Figur des Businessman, der mit dem Zählen einer Million Sterne zu beschäftigt ist, um sich auch nur an einem einzigen zu freuen, oder im Verkäufer der durstlöschenden Pillen, die eine Zeitersparnis von dreiundfünfzig Minuten pro Woche bringen, war gewiss kritisches Potenzial gegen seine amerikanische Umgebung enthalten. Erst ein halbes Jahr nach Erscheinen des Textes sah sich einer der Kritiker veranlasst, über den literarischen Wert zu reflektieren.[25]

ironische Hiebe gegen die amerikanische Zivilisation

Die Rezeption des kleinen Prinzen hat viele und oft sehr erstaunliche Wege beschritten. Ein außergewöhnliches Kuriosum begegnet dem Leser in der Tatsache, dass der Text des kleinen Prinzen nicht nur in alle Weltsprachen übersetzt wurde, sondern auch in einige Mundarten. Im Verlag Michaela Naumann in Nidderau besorgt der Herausgeber Walter Sauer Übersetzungen des kleinen Prinzen in verschiedene Dialekte, siehe S. 84 dieser Erläuterung. Aus diesem Faktum lässt sich die besondere Beliebtheit des *Kleinen Prinzen* ersehen. Kenntnis und Gebrauch der Mundart ist Ausweis für Exklusivität, Nähe und Gruppenidentität innerhalb einer Sprachregion. Man kann daher folgern, dass die Zuneigung zum Text von Saint-Exupéry und die Identifikation mit seinen Aussagen und Gedanken sehr liebenswürdige und intime Züge angenommen hat.

Übersetzungen in verschiedene Mundarten

25 Vgl. Curtis Cate, ebd., S. 409. Siehe auch Materialien (Kap. 5).

Batiken

Auch **Ingritt Neuhaus**, eine ausgezeichnete Textilkünstlerin, hat zum *kleinen Prinzen* für die Gestaltung der Deutung Eugen Drewermanns im Herder-Verlag acht Batiken entworfen, die die eigenhändigen Zeichnungen Saint-Exupérys einfühlsam und stilvoll ergänzen. In warmen Gelb-Orange-Rot-Braun-Tönen erarbeitete sie Illustrationen zu den Affenbrotbäumen, der ersten Begegnung des kleinen Prinzen mit der Schlange und dem Fuchs und die Darstellung seines Asteroiden. Sie zeigt die Wüste mit ihrem verborgenen Brunnen und den „wirklichen Brunnen" in der Wüste und illustriert das Versprechen des kleinen Prinzen gegenüber dem Flieger: „Du wirst Sterne haben, wie sie niemand hat ..." „Es wird sein, als hätte ich dir statt der Sterne eine Menge kleiner Schellen geschenkt, die lachen können ..." (87) und schließlich den Weg des kleinen Prinzen zur Schlange in seiner letzten Nacht auf der Erde. Hier werden den warmen Grundtönen kühlere Grün-Töne beigegeben, ähnlich der Batik zu den Affenbrotbäumen. Solche Bilder können bei der Erschließung des Werks sinnvolle und ergänzende Hilfen sein.

Filme

Konrad Wolf, Sohn des Arztes und Dramatikers Friedrich Wolf (1888–1953), emigrierte mit seinen Eltern, die jüdischer Abstammung waren, in die UdSSR. Nach Kriegsende kehrte er als Journalist zunächst nach Ostberlin zurück, studierte aber seit 1959 Regie an der Filmhochschule in Moskau. *Der geteilte Himmel* (DDR 1964, nach dem gleichnamigen Roman von Christa Wolf) wurde sein erfolgreichster Film. 1966 entstand unter seiner Regie in der DDR *Der kleine Prinz*, der 1972 zur Erstaufführung (TV) kam.

Der kleine Prinz/Le Petit Prince wurde 1975 **in Frankreich** unter der Regie von Jean-Louis Guillermou **als Jugendfilm** nach Saint-Exupéry gedreht. Ein kleiner Prinz verlässt seinen

Heimat-Asteroiden, lernt in der Einsamkeit der Wüste einen Piloten kennen und bemüht sich zu erfahren, was Liebe, Macht und Besitz bedeuten. Der Film wurde von der französischen Kritik begeistert aufgenommen.

Video-Kassetten

VCL Communications hat 2001 zwei Video-Kassetten, als Folge 1 und Folge 2, herausgebracht (mit dem Hinweis auf noch nachfolgende Produktionen). **Jameson Brewer** zeichnet für Regie und Produktion des amerikanischen Originals verantwortlich. Der deutsche Titel lautet *Der kleine Prinz und seine Abenteuer. In Anlehnung an die Figur von Antoine de Saint-Exupéry.* Es handelt sich um **Zeichentrick-Filme**, in denen Episoden in Abenteuermanier erfunden und seriell aneinandergereiht werden, ein Verfahren, das sich beliebig fortsetzen lässt. Die Hauptfigur ist eine Kindergestalt, die Saint-Exupérys Zeichnung vom kleinen Prinzen nachempfunden ist und als außerirdisch eingeführt wird. Sie ist äußerst verniedlicht und folgt einem süßlichen Kindchenschema. Das Kerlchen, wie es in der Produktion genannt wird, verlässt regelmäßig seinen kleinen Planeten mit Hilfe von Zugvögeln und Kometen und landet, je nach Aufprall, auf einem anderen Stern, am häufigsten jedoch in irgendeiner Region der Erde. Dort verstrickt es sich regelmäßig in ein **Abenteuer** und gewinnt immer neue Freunde durch seine beständige Hilfsbereitschaft und seine wirksame Mitarbeit bei der Lösung von Problemen und Konflikten. Die Spannung der Abenteuer wird dadurch gesteigert, dass sich ungeschlachte und **dumme Gegenspieler** einfinden, denen durch das Kerlchen und seine Freunde immer wieder Schnippchen geschlagen werden, über die gelacht werden soll.
Auch **die Episode mit dem Flieger in der Sahara ist eines der Abenteuer**. Nach einer Landung trifft das Kerlchen auf

den Flieger, der sich mit der Reparatur seines Flugzeugs abmüht. Nach einem vordergründig dümmlichen Dialog, in dem es vor allem darum geht, den Flieger von der außerirdischen Herkunft des Kleinen zu überzeugen, besteht die Haupthandlung darin, dass der kleine Prinz zusammen mit dem Flieger Wasser in der Wüste findet. Seine außerirdischen Instinkte und seine übermenschliche Ausdauer in Verbindung mit ermutigenden Durchhalteparolen gegenüber dem Flieger, der der Wüstenwanderung nicht in gleicher Weise gewachsen ist, lassen sie endlich nach der Entdeckung einer verlassenen Ruinenstadt in der Wüste einen See finden, in dem sie ausgelassen herumtoben und sich erfrischen. Da der kleine Prinz **am Ende einer jeden Episode** wieder **zu seinem Planeten zurückkehren** kann, – er kennt sich aus im kosmischen Flugverkehr – geht die Besonderheit und der Reiz des Originals völlig verloren. Die Sehnsucht, das Heimweh, die symbolische Bedeutung des Textes wird filmisch nicht umgesetzt. Von der Rose, vom Wasser, dem Brunnen und den Affenbrotbäumen ist zwar die Rede, aber sie sind ihres Symbolwerts völlig beraubt. Die Figur des kleinen Prinzen ist zum Aufhänger für **kommerziellen Profit** geworden. Wollte man sich mit diesen *Abenteuern* im Unterricht beschäftigen, so könnte dies nur unter gesellschaftskritischen Aspekten im Vergleich zum Original geschehen.

Reiz des Originals geht völlig verloren

Jens Uwe Martens hat 1998 unter dem Titel *Mit dem Herzen suchen. ‚Der kleine Prinz' von Saint Exupéry* ein Buch vorgelegt, in dem er sehr subjektiv vor dem Hintergrund seiner eigenen Leseerfahrungen die Bedeutung des *Kleinen Prinzen* in seinem eigenen Leben darlegt. Es geht ihm nicht um eine „Interpretation", sondern um die Lebensphilosophie, die er dem Text entnommen und

Lebensphilosophie

die ihm geholfen hat, in schwierigen Lebenssituationen **Orientierung** zu finden oder wiederzufinden. Er möchte diese Orientierung über eine enge Bindung an die Worte des kleinen Prinzen und dessen Erfahrungen auf der Erde und den anderen Asteroiden an seine Leser weitergeben. *Der kleine Prinz* soll zum lebensphilosophischen Wegweiser und möglicherweise auch für den Leser zu einem Orientierungspunkt werden.[26]

Unter dem Titel *Paraboly* (Parabeln) hat der Rumäne **Bohuslav Martinu** 1957/58 Texte von Antoine de Saint-Exupéry sowie Georges Neveux zu einem Musikwerk in drei Sätzen verarbeitet, das er Charles Munch gewidmet hat. Es handelt sich um eine kompromisslos dissonante und formal streng aufgebaute Komposition, mit der der Komponist Anschluss an die frühe Nachkriegsmoderne fand.

Musikwerk in drei Sätzen

Es ist nicht zu übersehen, dass *Der kleine Prinz* bis in die Gegenwart von vielen Leser produktiv rezipiert wird. Er hat häufig Anstoß zu künstlerisch-produktivem Nachschaffen gegeben und behält offensichtlich seine große Bedeutung für ein breites Publikum. Weil die Auseinandersetzung mit dem Text nur zu innerer Bereicherung führen kann, sollte sie vor allem bei jungen Menschen nicht unterbleiben.

26 Jens Uwe Martens, *Mit dem Herzen suchen. ‚Der kleine Prinz' von Saint-Exupéry als Wegweiser durchs Leben.* DuMont Buchverlag. 2. Aufl. 1999. S. 13 f.

5. Materialien

In seinem fundamentalen Buch über Märchen stellt Winfried Freund unter dem Titel *Grundlagenwissen* kurze Definitionen zusammen. Mit den folgenden Hinweisen wird es möglich zu klären, inwieweit *Der kleine Prinz* ein Märchen ist, und wo es Grenzbereiche gibt.

„Märchentypen

Antti Aarne und Stith Thompson erstellten 1928 ein Verzeichnis aller vorkommenden Märchentypen (The Types of the Folktale. A classification and bibliography. 2. Aufl. Helsinki 1961). Die erste Hauptgruppe bilden die Tiermärchen, in denen Tiere die Handlungsträger sind. Ihnen folgen in der zweiten Hauptgruppe die eigentlichen Märchen, aufgeteilt in Zauber- und Wundermärchen, in denen der übernatürliche Faktor eine entscheidende Rolle spielt, die legendenartigen Märchen, in denen Gott lohnt und bestraft, novellenartige Märchen um Liebe, Treue, Schicksalsmächte und Verbrechen und schließlich in die Märchen von dummen Riesen oder Teufeln, in denen der Wettstreit zwischen Mensch und Unhold im Mittelpunkt steht. In der dritten und abschließenden Hauptgruppe sind die Schwankmärchen zusammengefasst, in denen der Einfallsreiche und Listige die Oberhand behält.

Volksmärchen/Kunstmärchen

Volksmärchen ist ein problematischer Begriff, da das Volk als kollektiver Erzähler nicht greifbar ist und jeder als Volksmärchen ausgegebene Text deutliche Spuren individueller Bearbeitung trägt. Als Prototyp können die Kinder- und Hausmärchen der Grimms gelten. Inhalt, Motive und im Wesentlichen auch die tragenden

Symbole entstammen der oft mündlichen Überlieferung. Durch Kontamination mehrerer Versionen, Umstrukturierung der Handlung und homogene Stilisierung entstand indes ein charakteristischer, unverwechselbarer Märchentyp. Als volkstümlich können angesprochen werden die einfachen, nicht komplexen Strukturen, der leicht verständliche, bildhaft anschauliche Stil, die Perspektive der zu kurz Gekommenen und Glücklosen, die nach Erfolg und Glück streben, und schließlich die Glücksfiktion selbst. Prägend wirkt im so genannten Volksmärchen vor allem seine auch bei den Kinder- und Hausmärchen weiterhin spürbare Herkunft aus den untersten sozialen Schichten. Volksmärchen in diesem Sinn sind individuell bearbeitete Erzählungen mit überkommenen Inhalten, Motiven und Symbolen, die in einfacher Sprache und nicht komplexer Struktur die soziale Wirklichkeit des Mangels durch die wunderbare Fiktion der Glückserfüllung poetisch ausgleichen."[27]

Erst mehr als ein halbes Jahr nach Erscheinen des *Kleinen Prinzen* sah sich ein amerikanischer Kritiker veranlasst, zuzugeben, dass er einer der wenigen amerikanischen Publizisten sei, die diese kleine Fabel für so etwas wie ein klassisches Werk halten würden:

„Ein trauriges klassisches Werk, das einem die Tränen in die Augen treibt. Aber es liegt eine Freude darin, selbst um die Kindheit zu weinen. Und die Kindheit betrachtet manchmal nicht als tragisch, was für mich als Erwachsenen in der Tat tragisch ist. Aber in dieser Meinung scheine ich wohl alleine zu stehen. Das Buch hat keinen großen Erfolg gehabt, obwohl es im letzten Frühjahr veröffentlicht worden ist und vielleicht ist mein Urteil falsch. Ich habe jedoch den Verdacht, dass die Öffentlichkeit von einem Autor nicht gern etwas annimmt, was sich nicht in die Kategorie fügt,

27 Winfried Freund, *Deutsche Märchen*. S. 182 f.

in die die Öffentlichkeit diesen Autor eingestuft hat. Dass ein fantasiebegabter Flieger etwas schreibt, was schon beinahe ein Märchen ist – oder zumindest eine fantasievolle Allegorie –, ist vielleicht für die Öffentlichkeit eine zu große Zumutung."[28]

Im Vorwort zu seiner tiefenpsychologischen Deutung des *Kleinen Prinzen* spürt Eugen Drewermann möglichen Erklärungen für den weltweiten Erfolg der kleinen Dichtung nach:

„Unzähligen in unserem Jahrhundert ist die schönste Dichtung Antoine de Saint-Exupérys, sein Märchen vom ‚Kleinen Prinzen', zur Schlüsselerzählung ihres Lebens geworden. Der ‚Kleine Prinz' bot ihnen Zuflucht und Hoffnung in Momenten der Verlassenheit; er war ihr unentbehrlicher Begleiter auf oft langen Wegen des Suchens und der Sehnsucht, und seine verhaltene Traurigkeit war wie der Ort einer verständnisvollen Wärme inmitten einer Welt, die immer kälter wird.
Ist es der ewige Traum verlorener Kindheit, der den ‚Kleinen Prinzen' so trostreich und sympathisch macht? Gewiss, jedoch nicht nur. Hinzu kommt die kunstvoll ironische Befreiung von der wahnsinnigen Zwangswelt der ‚großen Leute' – ein erstes Atemholen und Innehalten in der Wüstenei des Menschlichen. Vor allem aber vermag ‚Der kleine Prinz' ein Stück weit Vertrauen in die unbedingte Treue der Liebe wiederherzustellen; er verheißt und verkörpert eine Welt des Bemühens und der Verantwortung um- und füreinander, und er zeigt eine Verbundenheit der Liebe, die selbst im Tod nicht zu besiegen ist – ein hohes Lied der Freundschaft und der Kameradschaft in Bildern von bezaubernder Einfachheit und Schönheit.

28 Curtis Cate, ebd., S. 409

Was Wunder, dass Exupérys ,Kleiner Prinz' zur Traum- und Idealgestalt der Menschlichkeit herangewachsen ist? Sein Rückblick in das Reich kindlicher Unschuld, sein Ausblick zumal zu den Sternen, die in den Nächten wie Glocken erklingen, um uns zu erzählen von dem unsichtbaren Planeten einer sonderbaren Rose, schenken uns eine Weite des Herzens und eine Tiefe des Träumens zurück, die man in der Ödnis unserer Tage fast schon verloren glaubte. [...]"[29]

29 Eugen Drewermann, S. 5

Literatur

Textausgaben:

Antoine de Saint Exupéry: *Der kleine Prinz.* Übertragung ins Deutsche von Grete und Josef Leitgeb. Neuausgabe mit allen Zeichnungen des Verfassers. Düsseldorf 2000. Taschenbuchausgabe.
(Nach dieser Ausgabe wird zitiert.)

Antoine de Saint-Exupéry: *Le Petit Prince.* New York 1943. Paris 1945 (In: Œuvres, 7. Bde. Bd.3). Stockholm 1965.

Antoine de Saint Exupéry: *Der kleine Prinz.* Übertragung ins Deutsche von Grete und Josef Leitgeb. Düsseldorf 1950. 18. Aufl. 1953.

Antoine de Saint Exupéry: *Le Petit Prince in deutschen Mundarten.* Hrsg. v. Dr. Walter Sauer. Der Mundartverlag. Verlag Michaela Naumann, Nidderau 1998 ff. Ausgaben in Fränkisch, Saarländisch, Wienerisch, Kölsch, Bairisch, Hessisch, Pfälzisch, Schwäbisch, Plattdeutsch und in Jiddisch.

Nachschlagewerke:

Lexikon der Kinder- und Jugendliteratur. Bd. 3. Weinheim und Basel 1979.

Kindlers Literaturlexikon. Deutscher Taschenbuch-Verlag (dtv) München 1974.

Filme:

Le Petit Prince. Farbfilm als Jugendfilm nach Saint-Exupéry. Regie. Jean-Louis Guillermou. Frankreich 1975.(In französischer Sprache).

Der kleine Prinz und seine Abenteuer. In Anlehnung an die Figur von Antoine de Saint Exupéry. Folge 1 und 2. Vertrieb der VCL Communications GmbH. Best.-Nr. 3226 und 3227. Spieldauer je 70 Minuten. (Übertragung aus dem Amerikanischen).

Biografische Erfassungen

Cate, Curtis: *Antoine de Saint-Exupéry. Sein Leben und seine Zeit.* Zug/Schweiz 1973.

Estang, Luc: *Antoine de Saint-Exupéry in Selbstzeugnissen und Bilddokumenten.* Rowohlts Monographien. 26. Aufl. 1999. Aus dem Französischen übertragen von Lilly Sauter.

Benutzte Literatur:

Ancy, J.: *Saint-Exupéry, L'homme et son œuvre.* Paris/Brüssel 1966.

Blattmann, Ekkehard u. a.: *Antoine de Saint-Exupéry. ‚Le petit prince' oder Die Verwandlung der Welt zum Symbol.* Heidelberg 1978 (Literatur, Linguistik, Didaktik. 1).

Bollnow, Otto Friedrich: *Antoine de Saint-Exupéry und sein Spätwerk.* In: Universitas 16 (1961). S. 851–864.

Bosse, Monika: *Antoine de Saint-Exupéry.* In: Lexikon der Kinder- und Jugendliteratur Bd. 3. (Hg.) Klaus Doderer. Weinheim und Basel. 1979. S. 245–247.

Capestany, Edward J.: *The dialectic of the ‚Little prince'.* Washington D. C. 1982.

Drewermann, Eugen: *Das Eigentliche ist unsichtbar: ‚Der Kleine Prinz' tiefenpsychologisch gedeutet.* Freiburg i. Br. 1984.

Dyserinck, Hugo: *Zu Antoine de Saint-Exupérys ‚Le Petit Prince'.* In: Die Neueren Sprachen 8 (1959). S. 489–501.

Freund, Winfried: *Deutsche Märchen. Eine Einführung.* UTB für Wissenschaft (Fink) München 1996.

Fucke, Erhard: *Auf der Suche nach den Symbolen. Eine Existenzfrage des Dichters Saint-Exupéry.* In: Die Drei. Zeitschrift für Wissenschaft, Kunst und soziales Leben 45 (1975). S. 267–270.

Graham, V. E.: *Religion and Saint-Exupéry (‚Le petit prince').* In: Canadian modern language review 15/1958/59. H.3. S. 9–11. (Würdigung der Arbeit von Le Hir).

Knapp-Tepperberg, Eva-Maria: *Heroisches Handeln und Melancholie. Zu Saint Exupérys ‚Vol de nuit' und ‚Le petit Prince'.* In: Vom Ästhetizismus zum Nouveau Roman. Hg. v. Peter Brügge. Frankfurt a. M. 1975 (Kritische Literaturwissenschaft, 2). S. 73–91.

Le Hir, Yves: *Fantasie et Mystique dans ‚Le Petit Prince' de Saint-Exupéry.* Paris 1954.

Martens, Jens Uwe: *Mit dem Herzen suchen. ‚Der kleine Prinz' von Saint-Exupéry als Wegweiser durchs Leben.* DuMont Buchverlag. 2. Aufl. 1999.

Pagé, Pierre.: *Saint Exupéry et le monde d'enfance.* Montreal/ Paris 1963.

Racky, Ernst August: *Die Auffassung vom Menschen bei Antoine de Saint Exupéry.* Wiesbaden 1954 (Mainzer romanistische Arbeiten. 2).

Materialien aus dem Internet:

http://www.saint-exupery.org.
(Le Site officiel Saint-Exupéry, Leben und Werk)

Bitte melden Sie dem Verlag „tote" Links!